Aristoteles

Reihe Campus
Einführungen
Band 1045

Herausgegeben von
Christian Krüger (Hamburg)
Hans-Martin Lohmann (Heidelberg)
Alfred Paffenholz (Bremen)
Willem van Reijen (Utrecht)
Martin Weinmann (Wiesbaden)

Die Philosophie des Aristoteles ist einmal der Inbegriff des Wissens gewesen. Auf vielen, fast allen Gebieten hat es zum Selbstverständnis der neuzeitlichen Wissenschaften gehört, nur dadurch moderne Wissenschaft werden zu können, daß die Befunde dieser Philosophie als ungültig und ihre Methoden nicht mehr als verbindlich angesehen wurden. Daß ein solches Selbstverständnis nicht frei ist von Selbsttäuschung, wird in Charpas Einführung – oft wie nebenher und fast beiläufig – deutlich. Zu denken geben möchte uns diese Einführung aber etwas anderes. Die leitenden Begriffe dieser Philosophie decken sich in einem so staunenswerten Maß mit den Kategorien unseres Alltagsverstandes, daß wir uns zu fragen haben, ob unsere Denkgepflogenheiten – ohne daß uns dies bewußt wäre – an dieser Tradition geschult oder von ihr geprägt sind, oder aber ob die Begriffe dieses Denkens nicht vielleicht in einem anderen Sinn universal sind.

Ulrich Charpa, geb. 1952, Dr. phil., ist Gymnasiallehrer und Lehrbeauftragter für Philosophie an der Universität zu Köln. Er veröffentlichte zahlreiche Artikel in philosophischen Fachzeitschriften und Sammelbänden und gab zuletzt M. J. Schleidens *Wissenschaftsphilosophische Schriften* heraus.

Ulrich Charpa

Aristoteles

Campus Verlag
Frankfurt/New York

Redaktion: Martin Weinmann

Die Deutsche Bibliothek – CIP-Einheitsaufnahme

Charpa, Ulrich:
Aristoteles / Ulrich Charpa. – Orig.-Ausg. – Frankfurt am Main ;
New York : Campus Verlag, 1991
(Reihe Campus ; Bd. 1045 : Einführungen)
ISBN 3-593-34520-X
NE: GT

Originalausgabe

Umschlaggestaltung: Atelier Warminski, Büdingen
Gesamtherstellung: Friedrich Pustet, Regensburg
Printed in Germany

Inhalt

Einleitung

> Glücklicherweise war der Blitzableiter in unserer Nähe und diente uns als Beförderungsmittel.
>
> *Huckleberry Finn*

Bekanntlich hat man zwar unten den besten Stand, aber oben den besten Überblick. Fangen wir also oben an.

Dort, auf den Dächern unserer Häuser, sehen wir in ungezählter Variation Bekanntes, nämlich Blitzableiter. Über den Erfinder sind sich die Wissenschaftshistoriker nicht ganz einig, aber dafür sind wir historische Normalverbraucher um so sicherer. Kein anderer als der Politiker, Publizist und Philanthrop Benjamin Franklin war es, der vor fast 250 Jahren entscheidend zur Verbesserung des Feuerschutzes beitrug – eine verehrungswürdige Gestalt der neueren Geschichte und vermutlich der einzige Politiker, der je eigenes Geld aufbrachte, um dem Staat aus der Patsche zu helfen.

Die Wertschätzung Franklins erhellt auf das beste die groben Intuitionen, die wir mit Aristoteles verfolgen. Seiner Lehre nach waren Blitzableiter ein ebenso schäbiger wie überflüssiger Zierat, da der Blitz durch die Selbstentzündung von Erdausdünstungen entsteht. Insofern stellen diese Vorrichtungen über unseren Köpfen handfeste Denkmäler der letzten großen Niederlage der aristotelischen Naturforschung im 18. Jahrhundert dar. Nach dem freilich, was wir über den Erfinder, in Sonderheit über das in seiner Autobiographie beschriebene und andernorts bezeugte Streben nach Tugend im privaten und öffentlichen Bereich wissen, war Franklin eine lebende Illustration aristotelischer Auffassungen. Daraus allerdings zu folgern, die Naturforschung des Aristoteles sei überwunden und seine Ethik hochaktuell, geht an der Sache vorbei. Der Stern Franklins ist längst gesunken – was aber nicht daran liegt, daß inzwischen irgendwelche Makel bekannt geworden wären, die Schatten auf den puritanischen Lebenslauf des Mitbegründers der *American Philosophical Society* geworfen hätten. Die gängige moderne Einschätzung, auf den Nenner gebracht, besagt, daß Aristoteles ein »scharfsinniger Mann« (Kant) gewesen sein mag, der freilich aus der Sicht des heutigen Betrachters meist falsch lag. Und über den unwiderlegten Rest gehen die Geister halt auseinander.

Das Vorbild der neuzeitlichen Wissenschaft lehrt überdies, daß man ohne bewußte Traditionsaneignung für gewöhnlich weiter kommt als mit ihr. Aristoteles läßt sich von dieser Erfahrung nicht ausnehmen. Es gibt vielleicht keinen Autor, dessen Werk thematisch ähnlich weit gespannt ist, und dennoch läßt sich heute in allen Bereichen des Kennens und Könnens, die er erfaßt hat, Erfolgreiches treiben, ohne daß man sich um seine Vorgaben kümmern müßte. Nicht einmal die berühmte Lehre von der Dichtung – einem Sujet, dem man zwar Wechsel, aber kaum Fortschritt zutrauen mag – gilt als zweifelsfrei aktuell. Wer sich hier überhaupt auf Aristoteles bezieht, wie etwa Brecht, tut dies zuweilen in mehr und zuweilen in minder kundiger Form, gleichwohl vorrangig in der Absicht, sich zu distanzieren.

Das gilt auch für die Philosophie im Sinne des heutigen Faches. Philosophiehistoriker neigen gemeinhin dazu, die aktuelle Bedeutung des sie interessierenden Traditionsgutes zu übertreiben, es ist aber kaum zu verdecken, daß die herausragenden neuzeitlichen Ansätze sich vorwiegend ablehnend auf Aristoteles beziehen. Überdies lehrt gerade die Rezeptionsgeschichte, wie wenig sich bedeutender Aristotelismus dem historischen Aristoteles verpflichten muß. In Dantes *Göttlicher Komödie* finden sich Hunderte, bei Thomas von Aquin Tausende von mehr oder weniger direkten

Entlehnungen. Dennoch wäre es abwegig anzunehmen, beide wollten auf dasselbe hinaus oder stimmten weitgehend mit den Absichten des Zitierten überein. Und ausgerechnet auf jenem Gebiet, wo man über Jahrhunderte die aristotelischen Vorgaben für einen unveräußerlichen Grundstock hielt, scheinen sie ihre Verbindlichkeit völlig eingebüßt zu haben: in der Logik, die mit Frege, Russell und den ihnen folgenden Autoren einen neuen Anfang gemacht und sich seitdem in fruchtbarer Vielfalt entwickelt hat.

Warum also Aristoteles? Warum sich mit einem Philosophen aus den Anfangstagen des Faches plagen, der zudem schon bei erstem Lesen erkennbar den Nachteil hat, verwikkelt zu argumentieren und häufig derart sperrig zu formulieren, daß tieferes Eindringen in die Texte im Handumdrehen zur philologischen Wortklauberei werden kann? Ganz zu schweigen davon, ob man sich überhaupt um den trockenen Kram der Philosophenschaft kümmern sollte, ganz gleich ob um alten oder neuen.

Es gibt vielleicht keinen Autor, der es einem so leicht macht, mit derlei Fragen umzugehen, wie Aristoteles, und am leichtesten ausgerechnet dann, wenn sie als Vorrede zu dem grundsätzlichen Einwurf angebracht werden, was uns das Philosophieren überhaupt angehe.

Die Antworten, die Aristoteles auf letztere radikale Frage gibt, sind vielfältig und hängen im allgemeinen von einer Reihe von Setzungen und Unterscheidungen ab, die nicht am Anfang seiner Gedankenarbeit stehen, sondern ein fortgeschrittenes Stadium markieren. Eine Beantwortungshilfe freilich bieten uns bereits seine anfänglichen Überlegungen an: Die Frage, ob wir überhaupt philosophieren sollen, erledigt sich dadurch, daß wir – ob wir wollen oder nicht – philosophieren *müssen* (*Protreptikos* B 5). Der zugehörige Gedankengang ist einfach und zugleich verblüffend, was ihm als *Consequentia mirabilis* einen festen Platz in der Logikgeschichte verschafft hat:

> »Entweder ist es notwendig zu philosophieren, oder man kann es mit gleichem Recht lassen. Um sagen zu können, Philosophieren sei nicht notwendig, muß man notwendig etwas Philosophisches unternehmen, nämlich über das Philosophieren urteilen.«

Die ›wunderbare‹ Schlußfolgerung hat einige Tücken; bei genauerem Hinsehen wird klar, daß die abgeleitete Unvermeidlichkeit des Philosophierens sich erst dann einstellt, wenn als ergänzende Prämisse hinzukommt, man sei überhaupt aufgerufen, sich über alles und jedes Gedanken zu machen, statt solche Fragen auf sich beruhen zu lassen. Tatsächlich liegt hier die nicht mehr befragbare Voraussetzung sowohl des Argumentes als auch des aristotelischen Ansatzes insgesamt. »Alle Menschen streben von Natur aus nach Wissen«, lautet der vielzitierte Anfangssatz der *Metaphysik*. Was Menschen von Tieren unterscheide, sei ihr Wunsch, ihr Wissen zu vergrößern, neue Erfahrungen zu sammeln, nichts auszulassen, das Erfahrene zu deuten, die Deutungen wiederum zu erläutern, zu verbessern usw. Forschungsdrang mache die Besonderheit unserer Gattung aus, und davon bleibt unberührt, ob wir als einzelne zuweilen nur dösen, nachplappern oder uns sonstwie der Gattungstendenz entziehen.

In den normativen Wendungen dieses Gedankens, wie sie Aristoteles am ausführlichsten in der *Nikomachischen Ethik* vollzieht, läuft das auf die Behauptung hinaus, die rechte Art der Lebensführung, mithin das Glück, resultiere aus dem Vorrang des Strebens nach möglichst umfassender Kenntnis. Das ist keine von pädagogischer Säuernis getragene Zumutung, sondern eine von entschiedenen Hinweisen auf den Anteil des *Vergnügens* begleitete Empfehlung, eines Vergnügens, das Bedingung, Begleitumstand oder auch Folge jedweden sinnvollen Tuns sei. Allerdings bleibt ein Stück Irritation erhalten, insofern Aristoteles ein vergnügliches Leben mit anderen Tätigkeiten verbindet, als die Moderne sie zunehmend vorsieht. Mit Ausnahme der Freude an musikalischen, theatralischen und verwandten Darbietungen – die jene alte Welt ohne Freizeitindustrie nur in vergleichsweise karger Dosierung offerierte – geht es darum, mit Lust an der Sache möglichst kundig *selbst* etwas zu tun, was bei Aristoteles u. a. heißen kann:

- uns um unsere Nächsten sowie das Gemeinwesen zu kümmern,
- planvoll Wissen über die Natur zu erwerben und Kennerschaft in bezug auf die Kunst auszubilden,
- unsere Talente zu entfalten,
- selbst etwas herzustellen.

Das nimmt sich nicht nur im Blick auf hehre Gestalten wie Franklin plausibel aus, wenngleich man hinzufügen muß, daß es für Aristoteles durchaus von sehr unterschiedlichem Rang ist, ob man einen Schuh anfertigt oder in der Volksversammlung das Wort ergreift. Aber hier wie dort gilt es, eine Sache in der richtigen Weise durchzuführen, und der Beitrag des Aristoteles erstreckt sich in erster Linie auf die gedanklichen Voraussetzungen solcher Aktivitäten. Anders verhält es sich dort, wo die entsprechende Tätigkeit selbst Wissenssuche ist, also etwa in der Naturforschung. In diesem Rahmen tritt uns Aristoteles doppelt entgegen, zum einen als Teilnehmer dieses Unternehmens, zum anderen als Kommentierender, der über Voraussetzungen, Methoden und Ziele Auskunft gibt.

Daß hier das Wissen in derart zentrale Stellung gerückt wird, läßt eine gewisse Kopflastigkeit vermuten, eine Philosophie, die zu einem Plädoyer für den zerstreuten Professor auszuholen scheint. Aristoteles ist sich der damit verbundenen Spannungen wohl bewußt. In der *Politik* zitiert er die berühmte Geschichte von Thales, der in Betrachtung der Gestirne in einen Brunnen fiel und sich das Gelächter einer lebenskundigen Magd anhören mußte. Aber der Spott der Magd kam zu früh. Hat Thales doch später dank seiner Astronomie eine reiche Ölernte vorausgesehen und sich mittels dieses Wissens aus einer Finanzklemme befreit. Das Was-ich-nicht-weiß-macht-mich-nicht-heiß zahlt sich nicht einmal materiell aus.

Indem das rechte Leben vorrangig als ein Heimischwerden in *Wissens*bereichen aufgefaßt wird, zeichnet Aristoteles ein Kontrastprogramm zur gedankenarmen Praxis des Alltags wie zur forschungsfremden Welt der religiösen Erfahrung, nicht zu reden von den schon erwähnten Weltchen ohne Nachdenklichkeit, die unsere modernen Zerstreuungsmittel anbieten.

Indes verhält sich das durch Aristoteles gesetzte und in der von ihm begründeten Schule praktizierte Modell eines fortlaufenden Wissenserwerbs kontrastiv nicht allein zu bestimmten Lebensformen, die das Glück der Menschen abseits der Erkenntnissuche orten, sondern auch zu einflußreichen philosophischen Auffassungen, von denen diejenigen Epikurs und der frühen Stoiker in der Antike die einflußreichsten waren. Hier dünkte man sich bereits im Besitz eines für das menschliche Leben hinreichenden Wissens, womit der Anlaß weiteren Forschens entfiel. Für Aristoteles ist man noch auf dem Weg, und wenngleich er bedauernd einräumt, daß manches früher Erreichte wieder verlorengeht (*Metaphysik* XII,8, 1074b10), so bleibt doch das Bewußtsein des *Fortschreitens* (*Politik* 1268b31–1269b25–31) bestimmend. Dem entspricht die Begründung einer Forschungstradition, die nicht zufällig eine einprägsame Bezeichnung erfahren hat: Einige Lebensalter nach dem Tode ihres Gründers kommt für seine Schule die Bezeichnung *Peripatos* auf, und in der Folgezeit wird damit die wohl irrige Vorstellung verbunden, Aristoteles habe im Umhergehen *(peripatein)* gelehrt. Die Begriffshistoriker halten nüchternere Erläuterungen bereit und führen den Namen der Peripatetiker auf einen Gebäudeteil zurück. Indes liefert die anekdotische Etymologie das bessere Bild, eine Metapher des Sich-nicht-Bequemens.

Wenngleich man im Zweifel bleiben mag, ob erkenntnismäßige Unstete tatsächlich das wesentliche Moment menschlichen Lebens überhaupt ausmacht, so ist doch sicher, daß der Blick auf Aristoteles' eigenes Leben entsprechender Skepsis kaum Raum gibt. 384 v. Chr. in eine begüterte Familie der Kleinstadt Stagira hineingeboren, konnte er es sich leisten, sein Leben mit Lernen und Lehren zuzubringen, zunächst in der Akademie Platons (367–347) und nach einigen Wanderjahren in seiner eigenen Lehranstalt, dem Lykeion (335–322). Wenige Monate, nachdem er aufgrund politischer Widrigkeiten seine Lehrtätigkeit aufgegeben und Athen verlassen hatte, starb er im selben Jahr auf seinem Landgut an einer Krankheit.

In die Wanderzeit fällt die berühmte makedonische Episode als Erzieher Alexanders, die zwar die Phantasie vieler späterer Betrachter angeregt hat, für den historischen wie den philosophischen Befund aber wenig hergibt. Zum einen hielt es Alexander mehr mit Achill, der Kampfmaschine der *Ilias,* als mit schmächtigen Lehrern aller Art, zum andern war der Kernpunkt seiner Politik – die Aufhebung der Trennung von Hellenen und Barbaren – für Aristoteles ein Ärgernis *(Fragment* 658 *Rose).* Und schließlich bleibt zu fragen, ob uns das Interesse an Feldherren nicht auch dann fernbleiben sollte, wenn sie lange genug tot sind. Die kriegerischste Tat des Aristoteles scheint darin bestanden zu haben, daß er die Geschichte vom Kampf um Troja einmal besonders fein hat abschreiben lassen. Im übrigen soll er – mit Kant gesprochen – »lieber ein Narr in der Mode, als außer der Mode« gewesen sein, ein Mann von kleinem Wuchs mit einer gewissen Vorliebe für Haarpflege und Fingerringe, der überdies gelispelt haben sowie zuweilen etwas boshaft gewesen sein mag. Seine Werke verraten nichts über derlei Eigenheiten; »unserer Schwäche und wegen der Kürze unseres Lebens« (*Protreptikos* B 105) nur dünken uns Äußerlichkeiten erheblich.

Wie wenig das spärlich dokumentierte Persönliche aussagt, belegt der Vergleich mit dem Umfang des Werkes. Die antiken Verzeichnisse nennen Aristoteles als Autor von fast 200 Schriften, von denen uns lediglich etwa ein Fünftel erhalten ist, manches nur fragmentarisch, anderes in seiner Authentizität zweifelhaft. Einige der erhaltenen Bücher sind zweifelsfrei das Ergebnis der Montage späterer Redakteure. Desungeachtet gibt es für den, der die Aussagen verschiedenartiger Werkstücke vor sich sieht, so etwas wie ein identifizierbares Gegenüber, das gerade in seiner unpersönlichen Haltung unverwechselbar ist und uns immer wieder zwingt, »alles andere fahren zu lassen« (*Protreptikos* B 56), um Gedanken nachzuhängen, die weder an einen Ort, eine Zeit noch an unsere besonderen Lebensumstände gebunden sind.

Insofern ist Aristoteles' Philosophie schwerlich dazu geeignet, eine Weltanschauung für Angestellte oder Selbständige, für besonders Erfreute oder spezifisch Betrübte abzugeben. Auch an Philosophen wendet sich diese Philosophie nur insoweit, als wir *alle* Philosophen sind. Für Aristoteles bedeutet dies im wesentlichen, daß man Erkenntnis über die Welt gewinnen, sich über das rechte Handeln in ihr kundig machen und nach Möglichkeiten suchen soll, selbst Produktives beizusteuern. Eine bereits vermerkte Auffälligkeit liegt in der damit verbundenen Bevorzugung des gedanklichen Anteils am Leben – was indes nicht entfernt heißt, aristotelische Auffassungen seien vorrangig eine Sache von Intellektuellen, am Ende gar nur von solchen im Wirkungskreis des Feuilletons. Auch die Vorstellung eines eigenen Aristoteles für Wissenschaftler im engeren Sinne geht an der Sache vorbei. Der Umfang, in dem ein Forscher am Max-Planck-Institut von Aristoteles lernen kann, unterscheidet sich in sehr vielen Bereichen kaum von dem, in welchem auch jedes Schulkind zu profitieren vermag.

Ein angesehener amerikanischer Berufsphilosoph, Matthew Lipman, hat daraus vor Jahren eine bemerkenswerte Konsequenz gezogen und ein Programm entwickelt, das es Kindern ermöglicht, Aristoteles mit in ihr – wie auch immer verlaufendes – weiteres Leben zu nehmen: Der Logiker-Knirps mit dem die amerikanische Aussprache des griechischen Wortes verulkenden Namen Harry Stottlemeier ist inzwischen vertrauter Kumpan mancher Fünftkläßler, nicht allein derjenigen aus dem Land Franklins.

Die Möglichkeit, sich mit Aristoteles in gedanklicher Partnerschaft zu sehen, ist erstaunlich breit und auch von seinen Gegnern immer wieder in der einen oder anderen Hinsicht ergriffen worden. Bezeichnenderweise war es ausgerechnet der größte Heros des neuzeitlichen Anti-Aristotelismus, Galileo Galilei, der nach allerlei Schmäh der alten Himmelsmechanik Gemeinsamkeit der Erfahrung unterstellte und annahm, ein wiederkehrender Aristoteles würde nach einem Blick durch das Teleskop die neue Astronomie der eigenen vorgezogen haben. Ob es sich so verhalten hätte, ist zweifelhaft, aber die Überzeugungskraft der Fiktion verweist auf eine unbestreitbare Einheit im Ansatz der Erfahrung. Es gibt – am Beispiel gesprochen – keinen einzigen der von Galilei eingeführten quantitativen Begriffe im Rahmen der aristotelischen Physik, aber Aristoteles vermag uns zu sagen, was Quantität überhaupt sein könnte. Das Werk gibt in seiner Sprache Auskunft über Begriffe, die wir untereinander und mit ihm teilen. Da geht es um Form, Stoff, Veränderung, Ganzes, Teil, Gutes, Böses, Aktives, Passives u. a. m., d. h. um grundlegende Konzepte der Alltagserfahrung, die zugleich einen beträchtlichen Teil des Hintergrundes damaligen wie aktuellen wissenschaftlichen und außerwissenschaftlichen Weltverständnisses ausmachen. Wer behaupten wollte, Aristoteles formuliere nur das, was Alltagswahrnehmung und -verstand uns zutragen, griffe zu kurz. Aber die Inhalte des Common sense liefern die Themen.

Das hat deshalb besonderes Gewicht, weil wir immer mehr geneigt sind, ein paradoxes – und in seinen Folgen mit einiger Sicherheit übles – Verhältnis zu tolerieren: Während die Präsenz der von Sachkundigen erarbeiteten Kenntnisse in allen Lebensbereichen zunimmt, wächst unsere Indifferenz; es fällt uns schwerer und schwerer, Expertenwissen in unsere allgemeinen Orientierungen zu integrieren; mit den Kenntnissen wächst augenscheinlich auch die Irritation. Die Spanne möglicher Bereinigungsversuche reicht vom Wiederaufleben der Wissenschaftsfeindschaft, etwa im Rahmen eines religiösen Fundamentalismus, bis zum direkten Gegenstück, dem expertenhaften Verzicht auf alle Fragen, die außerhalb des eigenen Arbeitsbereiches liegen.

Beide Haltungen sind ungeachtet der womöglich starken Antriebe ihrer Vertreter Reaktionen auf den von deren Wollen und Wünschen unabhängigen Tatbestand, daß der Wissenserwerb als Ganzes sich immer weiter von uns, und das heißt auch: von den ihn betreibenden Individuen, entfernt. In der Wissenschaft, aber auch in Wirtschaft und Politik geht es bevorzugt um Dinge, die nicht allein dem erkenntnismäßigen Normalverbraucher, sondern immer häufiger auch dem Experten des Nachbarbereiches zu fern sind, als daß er sie zum eigenen Nutzen überblicken oder ihren möglichen Schaden ermessen könnte.

Aristoteles bringt an Punkte der Einheitlichkeit und Verbindlichkeit zurück, die vielfach antiquiert wirken mögen (was freilich erst am Ende allen Nachdenkens vollkommen gesichert sein kann), zuweilen aber auch genau dort gelegen sind, wo wir heute nach Orientierungshilfen Ausschau halten.

Dabei bleibt fraglich, ob Aristoteles vorgegebene Ausgangspunkte des Menschen zum Thema gemacht und analysiert hat, oder ob seine Analysen so wirkungsmächtig waren, daß sie Auffassungen und Ausrichtungen geprägt haben, die ihren Vorrang historischen, kontingenten Gründen verdanken. Er selbst hätte für seine Philosophie wohl ersteres in Anspruch genommen und gesagt, daß die Welt eben so beschaffen sei, wie er sie darstelle. Nicht wenige von uns neigen letzterem zu und sähen die Möglichkeit, alternativen Weltauffassungen anzuhängen. Dazu, die eine wie die andere Möglichkeit überhaupt begrifflich füllen zu können, hat Aristoteles mehr beigetragen als jeder andere.

Machen es Umfang und Reichhaltigkeit des aristotelischen Beitrages leicht, von der Sache her immer neue Zugänge zu finden, so gibt es für den gedanklichen Nachvollzug wie für jedwede Darstellung indes manche Erschwernis. Dazu zählt neben Größe und Reichhaltigkeit des Werkes auch die Ironie der Überlieferung, daß ausgerechnet die für ein breites Publikum verfaßten Texte *nicht* erhalten geblieben sind. Die Gestalt des Erhaltenen – zumeist Niederschriften für intellektuelle Zirkel – gehört zu den Gründen dafür, daß sich zwischen Aristoteles' Formulierungen und dem öffentlichen Gespräch über die entsprechenden Themen ein immer unübersichtlicher werdendes Gebirge von Gelehrtenarbeit auftürmt. Diese hat ihren Anfang bei den frühen griechischen Kommentatoren genommen, sich mit den byzantinischen, arabischen, jüdischen und scholastischen Aristoteles-Deutern fortgesetzt, auch nach Kant kein Ende gefunden und sich zu einer unendlichen Geschichte historischen wie systematischen Philosophierens entwickelt. Kurz, das oben beschriebene Orientierungsproblem hat das Lösungsangebot längst eingeholt.

Eine wirkliche Ausflucht gibt es nicht. Die sich anbietende Vorstellung, getreu der Jugendmaxime locker vom Hocker loszulegen, d. h. mit frischem Blick auf das Original das ganze Sekundärangebot beiseitezuschieben, zehrt von der schnell erschöpften Zuversicht des Ignoranten. Was bleibt, ist die Möglichkeit, gestützt auf philologische Hilfsmittel und verläßliche Kommentare einerseits sowie die alltägliche Erfahrung mit aristotelischen Themen andererseits einigermaßen leicht begehbare Wege zu einigen wichtigen Inhalten der bekanntesten Texte zu suchen.

Welche Arbeiten aus der Fülle der Forschungsliteratur unter diesem Aspekt in besonderem Maße genutzt worden sind, wird im Anhang aufgeführt. Was persönliche Verpflichtungen angeht: Auf eine Reihe von Mängeln der ersten Fassung haben mich Ingrid Craemer-Ruegenberg und Martin Weinmann hingewiesen. Nun hat selbst Aristoteles eingesehen, daß man nicht immer vernünftig sein kann (*Nikomachische Ethik* X,7, 1177a12ff.) und allzuviel Arbeit schneller alt macht (*Über Lang- und Kurzlebigkeit* 5,466b13f.). Deshalb ist manches geblieben, wie es war, und zum herzlichen Dankeschön gehört auch das Eingeständnis eines schlechten Gewissens.

Als Ausgleich berechtigter Kritik kann Bestätigung von berufener und berühmter Seite sehr nützlich sein. Deshalb wird in der Folge durchgehend jemand bemüht, der erstens besonders viel von dem treibt, was nach Aristoteles' Meinung zu einem runden Leben gehört, zweitens eine Reihe seiner Ansichten teilt, drittens Franklins Blitzableiter nur benutzt, um nach Klettereien wieder festen Boden unter die Füße zu bekommen, und viertens auch meiner Frau und den Kindern wohlvertraut ist:

HUCKLEBERRY FINN.

1. Die Ordnung der Welt

> Iss 'ne Kuh 'n Mensch,
> oder 'ne Kuh ne Katze?
> Nö, 'ne Kuh iss ne Kuh!
>
> *Huckleberry Finn*

1.1 Ordnung

Huck und Jim stehen bei ihren Einteilungsversuchen in bester Tradition. Wenn Mark Twain uns mit *Adams Tagebuch* nicht beschwindelt hat, hebt das systematische Ordnen bereits mit Adam an: Als Eva eines Tages mit einem Winzling namens Kain nach Hause kommt, stellt Adam zunächst fest, daß es sich allein schon der geringen Größe wegen nicht um einen Menschen handeln könne. Die versuchsweisen Klassifikationen als Fisch oder Vogel werden fragwürdig, als das Wesen im Wasser untergeht und auch nicht zu fliegen vermag.

Dann glaubt Adam, einen Riesenkäfer vor sich zu haben, bis ihm die Beine unpassend erscheinen. Schließlich kommt die Sache zu einem vorläufigen Ende, indem er Kain als eine bisher unbekannte Art der Gattung Känguruh einstuft, *Caengurum Adamiensis*.

Sieht man vom Gebrauch der Linnés Nomenklatur karikierenden Redeweise und vom Umfang der zoologischen Forschungen (Aristoteles beschrieb Hunderte von Lebewesen) ab, dann fallen vor allem die Gemeinsamkeiten mit Aristoteles' Theorie und Praxis ins Auge. Das mag insofern überraschen, als Aristoteles, ob als Enzyklopädist verehrt oder als pedantischer Etiketteur verachtet, weithin als Schirmherr penibler Systematik angesehen wird, was schlecht zu Adams natürlichem Frageantrieb passen würde. Darin steckt allerdings eine wissenschaftshistorisch oberflächliche Gemeinschaftsstiftung mit Cesalpino, Bonnet, Linné und anderen Leitfiguren der neuzeitlichen Naturbeschreibung. Letztere ließen sich weitgehend von der Überzeugung leiten, daß die wesentliche Aufgabe der Forschung in der Einteilung bestünde. Davon ist aber bei Aristoteles nirgends die Rede. Daß es überhaupt Ordnung in der Welt gibt, ist die Bedingung dafür, daß wir uns – nicht anders als Adam – mit Aussichten auf gute Antworten fragen, wie es sich mit diesem oder jenem verhalte. Aber wir haben diese Ordnung nicht. Was wir besitzen, sind die groben Einteilungen, die wir mittels unserer alltäglichen Auffassungen der Welt vornehmen. Davon gilt es auszugehen, aber nicht dort stehenzubleiben. Bezeichnend für die Orientierung an gängiger Weltauffassung und zugleich für den Unterschied zu den genannten neuzeitlichen Systematikern ist die Abfolge biologischer Betrachtung: Bonnet stellt in seiner Systematik der Tiere die Würmer an den Anfang, die erste Gruppe in Linnés *Species plantarum* bilden die Primeln – Aristoteles' zehnbändige *Tierkunde* indes hebt mit dem an, was uns naheliegenderweise zuerst interessiert. Der klassifikatorische Teil des Werkes beginnt – wie der Versuch in *Adams Tagebuch* – mit den Eigenarten des vertrautesten Wesens, des Menschen, und endet nicht viel anders als Adams dritter Schritt, mit Insekten bzw. Kerbtieren. Des weiteren begründet die *Tierkunde* (I,6) mit der Distinktion zwischen Art/Spezies *(eidos)* und Gattung/Genus *(genos)* jene Hierarchisierung, der sich auch alle späteren Taxonomen bedient haben.

Die gedanklichen Voraussetzungen von Einteilungen sind bei Aristoteles und Adam dieselben: Entgegen dem ersten Anschein bildet die Welt kein Chaos, in dem alles ineinanderliefe; sie besteht aus Unterscheidbarem, voneinander Getrennten. Das Getrennte wiederum ist geordnet, sowohl untereinander als auch in sich (*Metaphysik* XII,10, 1075a10ff.). Der Grund der Wohlgeordnetheit liegt in der Natur selbst

(*Physik* VIII,1, 252a11 ff.), die in einem später zu erörternden Sinne als durchgehend geregelt begriffen wird. Was allerdings im Blick auf Aristoteles' mit dem Thema verbundene Kritik an Demokrit u. a. und in Harmonie mit Adams Vorgehen vorweggenommen sein soll, ist der Umstand, daß die Ordnung *(taxis)* sich nicht in irgendeinem Sinne (etwa dem des Atomismus) ›hinter‹ den Dingen verbirgt, sondern *in* dem aufzusuchen ist, was wir als Wirklichkeit vor uns haben.

Allerdings eignet Aristoteles eine ihn über den Forscher Adam erhebende Zwanglosigkeit, die philosophiehistorisch als Abweichung von Platons Einteilungsmethode beschrieben wird. Ergibt sich für Platon die Ordnung durchgehend aus der Zweiteilung, so läßt Aristoteles sich zwar davon leiten, daß dies eine Art günstiger Normalform ist (*Metaphysik* VII,12, 1037b30 ff.), sieht aber im Rahmen systematischer Arbeit durchaus mehrere Untergruppen vor (*Teile d. Tiere* I,2–3). Auf die Allgemeingut gewordene aristotelische Stufung von Arten und Gattungen bezogen besagt dies, daß es nach Platon allenfalls noch eine weitere Känguruhart neben der adamitischen geben und gleichberechtigt neben den Känguruhs lediglich eine weitere Tiergattung existieren könnte.

Einer bekannten Anekdote nach hat der berühmte Faßweise Diogenes von Sinope sich einst über Platons Einteilungsabsichten lustig gemacht, indem er die vorgeschlagenen Gattungsdifferenzen ›gefiedert‹ und ›zweifüßig‹ und die daraus abgeleitete Definition des Menschen mit einem gerupften Hahn tierquälerisch ins Absurde drehte (*Diogenes Laertius* VI,40). Im Gefolge des Aristoteles brauchten sich die Hähne Athens nicht länger vor Philosophen zu fürchten. Wie bereits angedeutet, geht der Schüler Platons in der Schrift über die Teile der Tiere nicht nach dem Prinzip einfacher Entgegensetzung vor. Vielmehr bevorzugt er die Methode, Gattungen entsprechend den üblichen Tierbezeichnungen – die ja eben nicht dichotomisch sind – zu unterscheiden und im nächsten Schritt die Vielzahl ihrer Differenzen ausfindig zu machen. Platons Ärger mit dem Kyniker oder Adams Fehler erscheinen auf diese Weise leicht vermeidbar. Wenn Mark Twain berichtet, Eva habe bei Adams Versuchen jedesmal zu weinen begonnen, dann können wir anmerken, daß ein aristotelisch belehrter Gatte, der nicht in oberflächlicher Betrachtung auf das eine entscheidende Charakteristikum ausgewesen wäre, ihr manchen Kummer erspart hätte.

Aristoteles' zoologische Beschreibung des Menschen ist summierend; es wird auch so Selbstverständliches erwähnt wie der Umstand, daß sich unterhalb des Kopfes Hals bzw. Nacken befinden. Dahinter steht die Tendenz zur Vollständigkeit, die feste Absicht, sich nicht mit reduzierenden Zweiteilungen zu begnügen. Freilich garantiert die angemessenere Methode noch keinen Erkenntnisgewinn, so wie man auch auf bestens beschilderten Wegen an den falschen Orten eintreffen kann. Der Umfang, in dem eine tiefergreifende Kommentierung aristotelischer Einteilungsversuche noch Aufmerksamkeit verdient, hängt offenkundig davon ab, ob wir der Aristoteles leitenden Idee noch etwas abgewinnen können. Ist nicht womöglich das ganze Unterfangen, sich um die korrekte Darstellung einer geordneten Welt zu bemühen, verfehlt bzw. überholt?

1.2 Neuzeitliche Kritik aristotelischer Ordnung

Die heute am ehesten interessierenden Vorwürfe im Blick auf aristotelische Einteilungen leiten sich aus Annahmen ab, die einen realen oder auch nur behaupteten Kontrast zur modernen Naturwissenschaft betreffen:

So ist Aristoteles' Einteilung der Lebewesen, wie seine ganze Natursicht, in der Hauptsache qualitativ, wohingegen die moderne Forschung auf Messungen beruht. Die in Aristoteles' Auffassungen eingegangenen Erfahrungen seien nicht unter Versuchsbedingungen wiederholbar, sondern gründeten auf unkontrollierten Beobachtungen. Außerdem, so heißt es, sei das ganze Verfahren kopflastig, stülpe der Welt Einsichten über, statt sie aus ihr zu gewinnen.

Speziell die Praktiker und Propagandisten der wissenschaftlichen Revolution der Neuzeit – allen voran Bacon und Galilei – haben sich in diesem Sinne abschätzig geäußert und dafür gesorgt, daß mit der Ablösung einzelner Lehrmeinungen des Aristoteles auch seine ganze Vorgehensweise in Verruf geriet.

Eine andere Richtung naturwissenschaftlich motivierter Kritik ist mit der Formierung jener Disziplin gewiesen worden, die in einem engeren Zusammenhang mit dem gewählten Beispiel steht, nämlich der Biologie, die sich im 19. Jahrhundert aus dem Stand einer vorrangig klassifizierenden Wissenschaft verabschiedete:

Aristoteles' Einteilungen seien naiv in dem Sinne, daß der Umfang des zu Klassifizierenden und damit die Aussichtslosigkeit der Aufgabe unterschätzt werden. Ein einfaches Beispiel vor dem Hintergrund aktueller Sorgen illustriert das: Durch das Abholzen der tropischen Regenwälder gehen wöchentlich mehr Spezies unwiederbringlich verloren, als Aristoteles überhaupt kannte. Und ist nicht überhaupt der ganze Ansatz insofern verfehlt, als wir heute davon ausgehen, daß alles, was Aristoteles in feiner Ordnung sah, sich in Wahrheit im Fluß befindet, d. h. Einteilungen fehlleitende Momentaufnahmen der Evolution liefern? Er werde von Arten und deren Differenzen nur der Bequemlichkeit halber reden, in Wirklichkeit seien Klassifikationen eine arbiträre Angelegenheit, schreibt Darwin im 2. Kapitel des berühmten Buches *Über die Entstehung der Arten* und gibt eine Haltung vor, die sich nicht nur mit dem Hauptstrom der weiteren Biologie, sondern auch mit dem derzeit modischen Relativismus in allen Lebensbereichen bestens zu vertragen scheint.

So zutreffend solche Einwürfe bei erster Betrachtung erscheinen mögen, so sicher gehen sie an Wichtigem vorbei:

Quantifizierungen setzen qualitative Bestimmungen voraus, insofern jeder hierbei verwendete Zahlenwert ein Wert *von* etwas ist, also sich auf die Menge oder Intensität der Charakteristika eines Gegenstandes, Lebewesens, Vorganges usw. bezieht.

In bezug auf die Reproduzierbarkeit und Kontingenz wissenschaftlicher Befunde gilt, daß Beobachtungen des Naturforschers Aristoteles, soweit sie etwas noch Erreichbares betreffen, nicht ohne weiteres problematischer sind als die seiner modernen Nachfahren. Der von ihm charakterisierte Kuckuck etwa pflegt – soweit es ihn noch gibt – seine Eier auch in unserem Jahrhundert noch in fremde Nester zu legen. Wer ein Hühnerei öffnet, wird sich schwer tun, etwas anderes zu erblicken, als es der Vater der Embryologie angibt (*Tierkunde* VI,6, 561a3 ff.). Und daß der menschliche Körper dem des alten Adam und seiner Kinder reichlich ähnlich geblieben ist, versteht sich nicht nur mittels der vergleichenden Anatomie der *Tierkunde* von selbst.

In entsprechender Kritik verborgen ist vor allem anderen der korrekte Hinweis darauf, daß das reproduzierbare *Experiment* für Aristoteles' Auffassungen keine Rolle spielt. Unter diesem Aspekt grenzt sich vorzugsweise die neuzeitliche Physik von seiner Arbeitsweise ab, aber bekanntlich gibt es heute noch eine nicht-experimentelle zoologische Taxonomie und diverse Bereiche der Naturwissenschaft, in denen planvolle Versuche keine wesentliche Funktion haben. Überdies gehört es längst zu den methodologischen Gemeinplätzen, daß die herkömmlicherweise dem Experiment zugeschriebenen Leistungen – wie z. B. die der Simulation, der Demonstration von Zusammenhängen, der Entscheidung zwischen rivalisierenden Auffassungen – längst nicht mit der vermuteten Ausschließlichkeit diesem vorbehalten sind, wie es die Propagandisten der wissenschaftlichen Revolution zu Beginn der Neuzeit unterstellt haben.

Da mag es denn auch wenig verwundern, daß nicht wenige der klassischen Experimente in dieser oder jener Weise den vorgeblich unfruchtbaren aristotelischen Einteilungen verbunden sind. Ein illustratives Beispiel hierfür ist die aus einer

Besinnung auf die überwundene Farbanordnung des Aristoteles hervorgegangene, aber selbst nichtsdestoweniger in den Hauptzügen bis heute sachgerechte Erklärung des Regenbogens durch Dietrich von Freiberg zu Beginn des 14. Jahrhunderts. Auch Aristoteles' eigene Praxis ist so simpel nicht, wenn man die oben erwähnte Erkundung des Hühnereies etwas genauer bedenkt. Aristoteles hat sich keineswegs damit begnügt, einen sich von selbst darbietenden Prozeß zu rezipieren. Vielmehr handelt es sich um eine strukturierte Exploration, die den Zusammenhang von Beobachtung und zeitlicher Abfolge der Ontogenese aufschlußreich koordiniert. Nichts grundsätzlich anderes empfahlen die einflußreichen Spötter wie beispielsweise Matthias Schleiden (1804–81), der Begründer der Zelltheorie, als sie sich anschickten, verachtete ›aristotelische‹ Klassifikationsweisen durch angemessenere zu ersetzen.

Was den anderen Vorwurf angeht, nichts von der Aussichtslosigkeit des Unterfangens, endgültige Einteilungen aufstellen zu können, geahnt zu haben, so steht er nicht besser da. Wenn wir alles unterließen, was wir nicht vollenden können, hätte die Menschheit nicht viel vorzuweisen. Ohne fortwährendes Bemühen um sinnvolle Unterscheidungen und Gruppierungen blieben wir in jeder Hinsicht orientierungslos. Aus der Psychologie kindlicher Entwicklung wissen wir, daß geistige Entfaltung von der Sonderung invarianter Objekte im Chaos des Wahrgenommenen ausgeht. Ohne erste Setzung kann es naturgemäß auch keinen wissensfördernden Korrekturvorgang geben. Wenn etwas sich bei näherer Untersuchung anders darstellt, dann ist dies eben schlecht für unsere bisherige Darstellung und gut für unseren Umgang mit den Phänomenen der Welt (*Entstehung der Lebewesen* III,10, 760b31 ff.).

Damit ist freilich noch nicht die besondere Form der Systematisierung verteidigt, die in Aristoteles' Naturkunde ihren ersten Ort und in Konzeptionen wie denen Linnés ihren verfeinerten und zugleich einseitigen Ausdruck gefunden hat.

Ist ein Kuckuck überhaupt ein Kuckuck? Leistet unsere Bezeichnung der Vogelart womöglich nur die bequeme Versprachlichung eines Konstrukts, eine Konzession daran, daß wir fortlaufende Transformation nicht recht zu denken vermögen?

Die neuere Biologie ist gerade in diesem Punkt Aristoteles wieder erheblich näher gerückt und hat die Idee kontinuierlicher Artenveränderung zweifelhaft erscheinen lassen. Einer der bekanntesten zeitgenössischen Evolutionstheoretiker, Stephen Jay Gould (geb. 1941) macht gegen Darwin und alle Zweifel an strengen Einteilungen geltend, daß die Zeitspanne der Ausbildung einer neuen Spezies im Verhältnis zu ihrer Konstanz winzig sei – was daherrühre, daß der Weg der Evolution nicht über die Veränderung aller Mitglieder einer Gruppe führe, sondern im Zusammenhang mit der Abspaltung kleiner isolierter Populationen vom Hauptfeld stehe.

Erwähnung verdienen an dieser Stelle auch jene vergleichenden Befunde der letzten Jahre, die uns in bezug auf volkstümliche Einteilungen der Tier- und Pflanzenwelt der Vorstellung beraubt haben, bei Indianern, Eskimos, Buschmännern usw. sei alles anders als hierzulande. Eine genaue Untersuchung beispielsweise der Einteilungen, welche die Tzeltal-Indianer bei den Pflanzen oder die Kalam auf Neuguinea bei den Tieren vornehmen, belegt, daß der besonders von Anthropologen verbreitete Ansatz, von der Relativität aller Klassifizierungen auszugehen, im konkreten Fall an der Sachlage vorbeigeht. Aristoteles' Kuckuck und Linnés *Cuculus canorus* sind und bleiben dasselbe – nämlich jene Gesellen, die der Singvogelbrut das Leben schwer machen.

Ob sich derart stabile Einschätzungen dem Umstand verdanken, daß die Welt tatsächlich wohlgeordnet ist, oder ob es sich lediglich so verhält, daß die Menschen nur sehr eingeschränkte Auffassungen von ihr zu entwickeln vermögen, ist eine Frage, die viele, aber keine einzige, die weitere Problematisierung vereitelnde Antwort findet. In der ersten Einleitung zur *Kritik der Urteilskraft* behauptet Kant, es sei unmöglich,

»die ganze Natur nach ihren empirischen Verschiedenheiten zu klassifizieren«, wenn diese selbst nicht die entsprechende Voraussetzung dafür erfülle. Aber war nicht Kant – womöglich unter dem Eindruck der großen Naturhistoriker seiner Epoche – zu optimistisch in bezug auf die Möglichkeit umfassender Klassifikation? Die Sache ist unerledigt. Warum speziell die an Aristoteles ausgerichteten Systeme so erfolgreiche Kandidaten für die ›wirkliche‹ Ordnung der Welt waren und sind, läßt sich hingegen leicht erklären. Seine Einteilungen beruhen in gleichem Maße auf einer äußerst durchdachten Disziplinierung unseres Redens über die Welt, wie sie eine ausgeklügelte Entfaltung unserer Intuitionen in bezug auf das zur Voraussetzung haben, was es in der bzw. als Welt gibt.

1.3 Dinge

Der erste Schritt ist der, daß wir uns darüber verständigen, von unterscheidbaren *Dingen* zu sprechen. Nicht in dem Sinne, daß damit ein Grundbegriff gesetzt sein soll – Aristoteles' Umgang mit den entsprechenden griechischen Ausdrükken *(onta, pragmata)* reflektiert keine Fundierungsabsicht –, sondern als Eingeständnis der Unterstellung, in sinnvoller Rede von irgendetwas zu reden. Aristoteles bezieht sich auf Dinge vorzugsweise im Zuge der Explikation ihm wichtiger Begriffe, etwa in dem lexikonartigen fünften Buch der *Metaphysik*. Der hergestellte Bezug wird in der Weise bewirkt, daß wir für alles, worüber wir Wissen erwerben oder kundtun wollen, eine Bezeichnung wählen. Die Weite des für dieses Etwas benutzten Ausdrucks ›Ding‹ – man könnte genausogut von ›Sache‹ sprechen – wird von der der griechischen Pendants womöglich noch übertroffen. Die sprachliche Erfassung der Dinge geschieht am sinnvollsten so, daß Dinge, auf die eine gemeinsame Bezeichnung angewandt wird, auch etwas gemeinsam haben. Beispielsweise kann man sowohl

Huck als auch Adam als Menschen bezeichnen. Zu unseren Gepflogenheiten zählt aber auch, Dinge, die nichts miteinander zu tun haben, gleich zu benennen. Man denke an die Homonyme der verschiedenen Sprachen, deren Gebrauch bedeutet, verschiedene Namen für ein und dieselbe Sache zu wählen (*Kategorien* 1,1a1 ff.).

Für Aristoteles ist der sprachliche Umgang mit Dingen keine besonders bemerkenswerte Angelegenheit. Er erinnert gleichsam nur an das, was wir gemeinhin ohnedies tun. Andere Autoren, wie z. B. A. N. Whitehead (1861–1947) haben mit guten Gründen vorgeschlagen, statt mit Dingen mit Prozessen, Ereignissen oder anderem zu beginnen. Aber erstens sieht es sehr danach aus, als ob Aristoteles, wenn er von Dingen spricht, durchaus Gegebenheiten oder Ereignisse einbezieht. Zweitens scheint keine der präziseren Anfangsentscheidungen sich in gleichem Umfang mit der alltäglichen Erfassung der Welt zu decken wie die des Aristoteles, keiner anderen begegnen wir mit der nämlichen Selbstverständlichkeit.

Wenn wir davon reden, etwas sei schmutzig, flugtauglich, dreieckig usw., lassen wir uns bis auf weiteres darauf ein, von Dingen wie Schmutz, Flugtauglichkeit und Dreiecken reden zu können. Darin steckt wenig Bemerkenswertes, wenngleich die scheinbar gegebene Laxheit in bezug auf das ›wirkliche‹ Existieren solcher Dinge selbstverständlich Kopfzerbrechen bereiten könnte. Wenn Huckleberry Finn mit dem Neger Jim über Gespenster streitet, mußte er dann zuerst anerkennen, daß es Gespenster gibt? Der kundige Hinweis, Aristoteles' semantische Vorstellungen seien weitaus verwikkelter als bislang ausgegeben – insofern er zwischen Ausdruck und Bezeichnetem eine dritte Instanz, nämlich begriffliche Vorstellungen sieht –, löst das Problem nicht. Er verbesserte die Fragestellung nur dahingehend, daß man im Folgeschritt nach dem Realitätsbezug der Begriffe fragen müßte. Tatsächlich ist es so, daß – parallel zur Unbestimmtheit von ›Ding‹ – Aristoteles auch die Vieldeutigkeit von ›Sein‹ (*Meta-*

physik V,7, 1017a8ff.) einkalkuliert. Wenn wir mit Aristoteles sagen, etwas sei so oder anders, kann es sich beispielsweise so verhalten, daß wir lediglich eine Teilklassenrelation darstellen wollen. Wer von Gespenstern redet und etwa behauptet, sie seien keine Lebewesen, hat über etwas gesprochen, aber der Feststellung ihrer Existenz oder Inexistenz nicht vorgegriffen.

Es liegt sehr nahe, Sprachregelungen zu treffen, die uns davor bewahren, uns vorstellen zu müssen, daß es Gespenster gibt und auch wiederum nicht gibt u. ä. Davon wird im Zusammenhang mit Aristoteles' Auffassungen von Wahrheit und Falschheit später noch die Rede sein.

1.4 Kategorien

Der uns natürlich dünkende nächste Schritt abseits des Existenzproblems ist der, zu fragen, was es mit einem gegebenen Ding auf sich hat, wobei zu erinnern ist, daß das, was man über ein Ding sagt, die Eigenart hat, selbst etwas zu sein. Gleichwohl ist dieser Umstand nicht informativ, er gibt uns keinerlei Unterschied hinsichtlich der Dinge an. Die erste Ebene, auf der sich Differenzen zeigen, ist diejenige der in der gleichnamigen Schrift erörterten *Kategorien.* Kategorien sind bestimmte Modi, in denen etwas über etwas ausgesagt wird. Hier wird die Gleichrangigkeit der Dinge, von denen die Rede sein kann, aufgehoben. Der Zuordnung von Ding zu Ding wird unterlegt, daß es sozusagen nachrangige und erstrangige Dinge gibt – solche, über die wir nur verfügen, weil es die anderen gibt, und solche, bei denen dies nicht der Fall ist. Die Gesamtheit der Möglichkeiten, etwas zu sein, wird im nächsten Schritt in bezug auf vorrangige Dinge noch einmal differenziert. Dabei schnüren sich Bündel möglicher Zuschreibungen nachrangiger zu erstrangigen Dingen, indem man unsere Redegewohnheiten beachtet. Aristoteles scheint sich lediglich auf Erfahrungen mit dem gewöhnlichen Sprechen zu verlassen. Was er in diesem Kontext ausführt, bezieht sich auf geläufige Fragen und Antworten, die wir mit Alltäglichem verbinden: Wie sieht es aus? Wo befindet es sich? Wie groß ist es? Usw. Er bietet keine Begründung für diese Kategorien – ob er damit viel schlechter dasteht als später Kant mit seiner berühmten zirkelverdächtigen ›transzendentalen Deduktion‹ derselben, sei dahingestellt.

Kehren wir, um das Gemeinte konkret zu fassen, zu Adam zurück. Indem dieser feststellt, daß Kain nicht zu fliegen vermag, läßt er sich auf eine Sache wie die des Fliegens überhaupt ein. Indem man von einem Menschen, einem Kuckuck usw. etwas sagt, teilt man etwas mit, das positiv oder negativ *alle* Dinge betrifft. Zu sagen, Kain könne nicht fliegen, heißt einzuräumen, anderes, beispielsweise ein Kukkuck, könne sich in die Lüfte erheben. Was wir über Dinge festzustellen pflegen, ist für gewöhnlich nicht nur auf einzelnes bezogen, vielmehr allgemein in der Bedeutung, daß allem, wovon wir sinnvoll reden, solches zukommt oder nicht.

Nun gibt es manches, das individuell ist, etwa Adams Ordnungsliebe oder die Flugfähigkeit eines bestimmten Kukkucks, welches beides aber nicht unabhängig vom Träger der Sache zu sein vermag. Freude am Einteilen der Dinge gibt es vielerorts, aber diejenige Adams ist nur bei – oder besser noch – ›in‹ ihm vorhanden. Mit der diese Einsicht anbahnenden Unterscheidung zwischen dem, was unabhängig von anderem ist, und dem, um das es unter diesem Aspekt anders bestellt ist, gewinnt Aristoteles die in unsere Bildungssprache eingegangene Unterscheidung zwischen *Substanzen* und *Akzidentien.* Sie ist damit noch nicht inhaltlich ausgewiesen, aber durch die Subjekthaftigkeit der Substanz *(usia)* wird ein erstes Kriterium dieser Unterscheidung angedeutet. Im Kontext der Ontologie soll uns dieser Punkt noch ausführlicher beschäftigen.

Das Vorhandensein bestimmter Menschen, Kuckucks usw. wiederum ist nach Aristoteles die Voraussetzung dafür, daß es Menschen, Kuckucks usw. überhaupt gibt, wodurch die Substanzen noch einmal in zwei Gruppen zerfallen: *erste* und *zweite Substanzen*, deren Differenz sich sprachlich darin niederschlägt, daß wir den ersten die zweiten zuordnen können, aber nicht umgekehrt (*Kategorien* 2b5f.): Kain ist ein Mensch, aber es wäre unsinnig zu behaupten, die Menschen seien Kain.

Leicht erkennbar ist die in diesen Beispielen zutagetretende Bevorzugung desjenigen, was wir in alltäglicher Wahrnehmung erfahren. In der Tat möbliert Aristoteles in diesem Kontext die Welt mit den Gegenständen des Common sense. Erwähnt werden im Zuge entsprechender Verhältnisbestimmungen weder für unsere Augen zu kleine Objekte, etwa Demokrits Atome (gegen die er ohnehin einiges einzuwenden hat), noch solches, das allzuweit in die dünne Luft der Abstraktion hineinragt. Alle Dinge stehen in einem Abhängigkeitsverhältnis zu Dingen einer bestimmten Sorte, nämlich wahrnehmbaren Einzeldingen – hierin steckt Aristoteles größte Fehdeansage gegenüber dem Platonismus, für den diese bekanntlich das Inventar des bloßen Scheins ausmachen.

Die in der Kategorien-Schrift getroffene Sprachregelung in bezug auf erste und zweite Substanzen ist für Aristoteles nicht zwingend, insofern sie abhängiges Allgemeines in die Bevorzugung einbezieht. An anderer Stelle, etwa in der *Metaphysik,* hat Aristoteles überindividuellen Einheiten in Abhängigkeit, vorzugsweise den Arten und Gattungen, den Rang von Substanzen verweigert. Warum man sie ungeachtet ihrer Abhängigkeit nicht geradewegs als Akzidentien ansehen sollte, erklärt sich daraus, daß Aristoteles' Ordnungsvorstellung hierarchisch ist, eine Eigenart, die auch mit bestimmten Fragehinsichten in Zusammenhang steht. Man kann sich danach erkundigen, was etwas ist, und wird im Zuge der entsprechenden Explikation wie von selbst außer in die Breite in die Vertikale gedrängt:

Folgen wie ›Es ist Kain, ein Kind, ein Mensch, ein Lebewesen‹ entsprechen auf jeder Stufe bestimmte Eigenschaften, die Kain z. B. von Abel, Kinder von Erwachsenen, Menschen z. B. von Kuckucks, Lebewesen u. a. von Steinen unterscheiden.

Aristoteles nennt in den *Kategorien* als Möglichkeiten von Differenzen der Substanzen, außer daß diese selbst sich stufen, noch weitere neun (Akzidentien):

- Quantität,
- Qualität,
- Relation,
- Ort,
- Zeit,
- Lage,
- Haben,
- Tun,
- Leiden.

Die ersten fünf sind am leichtesten zugänglich, von den anderen ist gemeinhin weniger die Rede, wobei mitspielen mag, daß sie recht eng an grammatische Merkmale des Griechischen angelehnt scheinen, oder auch, daß Aristoteles sie unscharf eingegrenzt hat. Die Frage, ob er sich auf die Vollständigkeit seiner Liste hätte festnageln lassen, kann man mit der etwas zu schwachen Angabe beantworten, daß er den mit der Kategorienreihe gesetzten Rahmen andernorts nicht verläßt und lediglich zusätzlich abstrahiert. Was die Ubiquität der Kategorien seiner Liste betrifft, so macht Aristoteles häufig Einschränkungen, die er dem Thema zu schulden glaubt. In der *Physik* geht es um Veränderung, was in der uns später noch begegnenden Perspektive lediglich Qualität, Quantität und örtliche Bestimmtheit in bezug auf Substanzen ins Spiel bringt.

Die Kategorienlehre ist ein Ordnungsansatz, dessen Leistung nicht zuletzt darin besteht, uns vor sprachlichem und gedanklichem Wirrwarr zu bewahren bzw. zu erhellen, warum wir diesem für gewöhnlich entgehen. Fragten wir danach, wie groß Huck ist, und jemand antwortet »in Köln«, empfänden wir dies als unsinnig und könnten mit Aristoteles erläutern, was hieran nicht in Ordnung ist. Vor einigen Tagen hatten die Kinder unserer Straße eine Kiste mit der lockenden Aufschrift

›Roboter, der alles weiß‹

aufgestellt, in der eines von ihnen bibbernd ausharrte. Auf Fragen der Passanten, wie z. B.: ›Wohin gehe ich denn jetzt?‹, lautete die Antwort etwa: ›Dorthin, wo auch andere Leute hingegangen sind!‹ Die Frage nach dem Ort wurde relational erledigt, und der Fragende bis auf weiteres in Ratlosigkeit versetzt. Im Anschluß an den Vorschlag des englischen Philosophen Gilbert Ryle (1900–1976) hat für derlei in unserer Zeit der Begriff ›Kategorienfehler‹ Verbreitung gefunden, soweit die sprachliche Seite einer Verwirrung betroffen ist.

Mit derlei ist die Leistung der Kategorienlehre nicht erschöpft. Die Kategorien schematisieren unsere sinnvollen Differenzierungen, wie beispielsweise Hucks eingangs zitierte Sentenz über Kühe und Katzen, indem sie Bestimmungsmöglichkeiten verknüpfen. Das hat nicht nur den trivialen Sinn, dem Schema nach vorzugeben, daß etwas sprungbereit auf Bäumen Hockendes keine Kuh sein kann, sondern wird z. B. in der aristotelischen Naturforschung fruchtbringend, insofern die Bewegung eines Körpers in der Richtung eines bestimmten Ortes ein physikalisches Kriterium für die stoffliche Beschaffenheit eines Gegenstandes liefern kann.

Zur Umsetzung der Kategorienvorstellung in ein Forschungsprogramm zur ordnenden Darstellung der Welt fehlt freilich noch einiges, und wir werden sehen, daß ausgerechnet dasjenige, was Ordnung am meisten zu gefährden scheint, nämlich die Veränderbarkeit, der Wandel, dem die Dinge wahrnehmungsgemäß unterliegen, einen wichtigen Ausgangspunkt aristotelischer Überlegungen zu den Prinzipien des Forschens bildet.

Vergewissern wir uns zunächst, ehe wir uns dahin vorwagen, wo in etwa wir uns derzeit überhaupt befinden, d. h.

welchen Platz Aristoteles einem solchen Vorhaben zuweist, das uns ja – wie das Beispiel der biologischen Einteilung belegt – der Sache nach durchaus bereits vertraut ist. Dabei werden wir u. a. feststellen, daß Einteilungsbemühungen selbst im Rahmen einer Einteilung zu sehen sind, nämlich derjenigen der menschlichen Kenntnisse.

1.5 Einordnung des Menschen und Einteilung seiner Kenntnisse

Betrachten wir, Twains Adam folgend, noch einmal den ihm unvertrauten Sohn. Auf der Ebene der ersten Substanz ließe sich über Kain beispielsweise sagen, er sei einzeln, laut, nicht im Paradies, ein Sohn des ersten Taxonomen, zweibeinig usw. Manche dieser Eigenschaften hat Kain mit anderen Lebewesen gemein, andere nicht. Um Kenntnisse über die Welt zu erwerben, gilt es mit Hilfe der genannten oder vielleicht auch anderer Frageaspekte Charakteristika zu entdecken, die nicht Kain von Abel, sondern – und insofern hat Adams Untersuchung des ihm unbekannten Wesens auf seine Flugeigenschaften ihren guten Sinn – Menschen beispielsweise von Vögeln unterscheiden. Je größer die Gruppe von Einzelwesen ist, die wir als gesonderte Substanz mit bestimmten Merkmalen klassifizieren können, umso weiter entfernen wir uns von der mühseligsten aller denkbaren Methoden des Wissenserwerbs, nämlich der, unsere Kenntnisse an jedem Individuum mühsam neu gewinnen zu müssen.

Indem wir etwas über die Menschen in Erfahrung bringen, wissen wir bereits einiges über jeden einzelnen Vertreter der Gruppe. Wer in weiter Ferne etwas sieht und das als Mensch identifiziert, kann sich ohne nähere Prüfung darauf verlassen, daß er nicht ohne Hilfe in die Lüfte entschwindet, seine Körpertemperatur ein gewisses Maß nicht überschreitet usw.

Für Aristoteles teilt der Mensch mit manchem anderen die Eigenschaft der Körperlichkeit und grenzt sich als bewegliches und fühlendes Wesen von Steinen oder Stühlen ab (*Über die Seele* I,2, 403b25ff.). Mit den Tieren erhebt er sich durch seine Sinnesorgane über die Pflanzen (*Über die Sinneswahrnehmung* I, 436b10ff.), von den Tieren wiederum unterscheidet ihn vor allem sein Denken. Er geht als einziges Lebewesen aufrecht, und die anderen sind ihm geistig unterlegen (*Teile der Tiere* IV,10, 686b22ff.), wenngleich auch die Tiere recht bemerkenswerte, oft nur beim Menschen vermutete Eigenschaften haben (*Tierkunde* IX,1, 608a13ff.).

In Aristoteles' Einordnung kommen drei über Jahrhunderte wirksame Gedanken zu ihrem Recht: erstens die Idee der drei Naturreiche von unbelebten, pflanzlichen und tierischen Gebilden, zweitens die eines Aufstieges hin zum Menschen, drittens die der Kontinuität der Übergänge. Bekanntlich münden diese – später von Bonnet, Leibniz u. a. aufgenommenen Gedanken im Rahmen der bei Aristoteles vermißten Verzeitlichung im modernen Evolutionismus. Überhaupt verträgt sich Aristoteles' Einschätzung des Menschen recht gut mit denen der aktuellen Naturwissenschaft, die zwar einen spezifisch menschlichen »vierten Schritt« (E. O. Wilson) der Evolution anerkennt, aber unsere Gattung nicht mehr in der reinen Naturgeschichte unterbringt, sondern in einen Zusammenhang mit der Entfaltung menschlichen Tätigseins stellt. Der Mensch ist hier und bei Aristoteles zwar exponiert, aber nicht in gleicher Weise isoliert wie beispielsweise in vielen religiösen Konzeptionen. Die Position auf der obersten Leiter der Stufung verdanken die Menschen einerseits der besseren Ausbildung vieler auch bei Tieren vorfindlichen Talente, andererseits einigen von Aristoteles sehr komplex gefaßten Eigenheiten seiner Seele, die er in der entsprechenden Schrift (*Über die Seele* III,4ff.) vor allem in differenzierendem Umgang mit einem griechischen Ausdruck *(nus)* zu erläutern versucht, den man mit Begriffen wie ›Verstand‹, ›Wissen‹, ›Erkennen‹, ›Denken‹, ›Geist‹ wiederzugeben versucht hat.

Was Aristoteles damit genau meint, ist eines der großen Themen der Aristoteles-Kommentierung. Wir wollen uns statt an Aristoteles' schwer rekonstruierbare Auslegungen in den reichlich vertrackten Formulierungen der Seelenlehre an den Gebrauch des griechischen Begriffs halten, wie er uns an anderer Stelle begegnet. Da heißt es beispielsweise in der *Nikomachischen Ethik,* daß Menschen, die ihren Verstand *(nus)* beieinander hätten, nicht unsinnigen Schaden anrichten. Aristoteles bezieht sich auf Seeleute, die nicht etwa einfach aus freien Stücken auf den Gedanken verfallen, ihre Ladung über Bord zu werfen, sondern die dies allenfalls tun, weil sie auf diese Weise sich oder andere in einer Notsituation retten können (III, 1110a9).

In welcher Hinsicht dieses Exempel besondere Qualitäten des Menschen zeigt, die wir dem Tier nicht ohne weiteres zubilligen würden, ist augenfällig: Hier *wissen* Leute *Bescheid,* etwa darüber, daß die Entledigung von Last Auftrieb bedeutet, sie sind sich darüber im klaren, was man tun muß, um die Last loszuwerden, und können abwägen, unter welchen Umständen es vertretbar ist, eine Fracht über Bord zu werfen. Nicht zu vergessen: Sie können den Sachverhalt auf den Begriff bringen und sich darüber verständigen. Die Menschen zeichnen sich durch die Fähigkeit zur sprachlichen Erfassung *(logos)* der Welt aus (*Politik* I,2, 1253a7ff.), wohingegen die Tiere nach Aristoteles lediglich über eine Ausdrucksfunktion verfügen (es wäre vielleicht nicht uninteressant zu wissen, wie Aristoteles die Verständigung über Nahrungsquellen und Nistplätze im Rahmen der sog. Bienensprache kommentiert hätte).

Viele jener Besonderheiten, die man Adam und seinen Nachkommen zugeschrieben hat, sind ihnen irrtümlich zugebilligt worden: Werkzeuggebrauch, Arbeitsteilung u. a. m. gelten mittlerweile als unspezifisch. Auf das Problem der Sprache als Charakteristum wurde gerade hingewiesen. Gegen die Behauptung hingegen, daß die Menschen auf das Ganze gesehen mehr wissen als z. B. kluge Schimpansen, läßt sich auch weiterhin kaum etwas einwenden – in bezug auf pfiffige Computer-Programme sähe die Sache etwas anders aus. Aber hier ließe sich mit Aristoteles anmerken, daß diese eben nichts anderes als Handlanger bei der Gewinnung, Verwahrung und Nutzung *menschlicher* Kenntnisse seien.

Das Beispiel der verständigen Seeleute lehrt, daß Kenntnisse sich darauf beziehen können, wie es sich durchgehend in der Welt verhält, oder auf das, was von den kontingenten menschlichen Aktivitäten abhängt (*Nikomachische Ethik,* VI,4, 1139a6ff.).

Letzteres bildet den Bereich der *Praxis* im weiten Sinne, ersteres den der *Theorie,* wobei Aristoteles hinsichtlich der Praxis noch zwischen solcher, die der *Herstellung (poiēsis)* von etwas dient, und solcher, bei der dies nicht der Fall ist (Praxis im engeren Sinne) unterscheidet (*Nikomachische Ethik* VI,5, 1140b6f.). Praktische Überlegungen geben vor, wie man unter bestimmten Bedingungen *handeln* sollte – man mag im glücklichen Fall von sittlicher Einsicht, von Klugheit *(phronēsis)* reden. Daneben stehen jene Kenntnisse, die uns helfen, etwas *herzustellen,* z. B. ein Bild zu malen – im Deutschen spräche man von einer Fertigkeit *(technē).* Theoretisches – das Wort markiert eine Entgegensetzung zur Welt der Tat und meint ›(bloß) betrachtendes‹ – Wissen genügt sich selbst, ist reine Erkenntnis *(epistēmē).* Es zielt weder auf besseres noch nützliches Tun, sondern allein auf Wahrheit. Eine passende Bezeichnung für die damit verbundene Aktivität bietet sich mit dem Begriff des *Forschens* an.

An einer einschlägigen Stelle der *Metaphysik* (VI,1, 1025b25ff.) nennt Aristoteles als Hauptfelder *theoretischer* Bemühungen die Mathematik, die Physik und die Theologie. Vor allem die beiden letzten Bezeichnungen decken sich nur zum geringen Teil mit den heutigen Vorstellungen. Man käme der Sache recht nahe, wenn man von allgemeiner Naturforschung und ihren philosophischen Grundlagen spräche.

Ein weitgehend kongruenter Begriff ist jener der Ersten Philosophie. Der Ausdruck ›Theologie‹ leitet sich davon ab, daß Aristoteles' nach heutigem Verständnis ontologische bzw. metaphysische (letzteres Attribut rührt bekanntlich von der buchtechnischen Einordnung der entsprechenden Schriftengruppe des Aristoteles her) Bestimmungen eine Pointe darin besitzen, daß ein letzter Erklärungsgrund in einem göttlichen Wesen erkannt wird.

Den praktischen Bereich machen Ethik und Politik aus. Das Verhältnis beider wird so gedacht, daß ethische Bestimmungen in den Vorstellungen über die Rolle des Bürgers aufgehen (*Nikomachische Ethik* I,1, 1094a26ff.), bzw. die richtigen persönlichen Entscheidungen auf einer Linie mit politischen gesehen werden.

Die bereits mit der Trennung von Praktischem und Theoretischem markierte Distanz zu Platon wird noch deutlicher wenn Aristoteles den von Platon geringschätzig behandelten Kunstfertigkeiten den Rang einer dritten Wissensform gibt. Aus dem Bezirk der produktiven Kenntnisse sind uns vor allem seine Überlegungen zur Dichtkunst und Rhetorik vertraut.

Man sieht, daß einige der gut überlieferten Auffassungen Aristoteles' keine Zuweisung erhalten, darunter ärgerlicherweise auch die uns bereits im Umriß vertraute Kategorienlehre. Aristoteles gibt uns überhaupt an keiner Stelle einen direkten Hinweis auf Nutzen und Frommen seine Überlegungen zu diesem Thema. Die antiken Redakteure des *Corpus Aristotelicum* haben dieser Sachlage zu entsprechen versucht, indem sie diese sowie einige andere logische und semantische Konzeptionen zusammengefaßt und als bloßes Werkzeug *(Organon)* zum Wissenserwerb in das Vorfeld der Kenntnisbereiche verwiesen haben. Dagegen stehen freilich einige Bemerkungen Aristoteles' in der *Metaphysik* (IV,2f.), die den Eindruck nahelegen, daß Inhalte des sogenannten *Organons* sehr wohl auch als Teil der allgemeinen Grundlagenforschung begriffen werden können. Keine Unklarheit kann es freilich hinsichtlich der grundsätzlichen Natur der auf diesen Themenfeldern zu erwerbenden Einsichten geben. Wenngleich sie richtiges Handeln und produktives Tun begünstigen mögen, so entspringen sie doch selbst nicht solchen Bemühungen, sondern denen um Erkenntnis überhaupt.

Die Dreiheit Forschen-Handeln-Herstellen zugrundezulegen, besagt dennoch kein Ignorieren des augenfälligen Umstandes, daß man Forschen als Handeln oder Handeln als Herstellen einer aktionsabhängigen Situation ansehen könnte usw. Es geht nicht darum, bestimmte menschliche Tätigkeit zu etikettieren, sondern um Klarstellungen in bezug auf die Betrachtungsweise. Forschen, wie etwa Francis Bacon u. a. es taten, als ›produktives‹ Vorgehen anzusehen, könnte beispielsweise bedeuten, über den Beitrag einer Disziplin zur Wohlfahrt eines Gemeinwesens nachzudenken. Das hieße nach Aristoteles etwa, sich auf Vorstellungen von Glück oder Gerechtigkeit zu beziehen, statt auf Wahrheit, Prinzipien u. ä. m. Es verhält sich eben in der Weise, daß man – so wichtig Überlegungen in der jeweils anderen Richtung sein mögen – nicht das im Blick hat, was das Spezifische am Forschen, am Handeln und am Herstellen ist. Nachdenken über Forschungspolitik wäre für Aristoteles ein möglicher Beitrag zu unserem gesellschaftlichen Leben und nicht zu den Inhalten der Wissenschaft.

Ob Aristoteles' Grenzziehungen sich halten lassen, ist schwer zu beurteilen – immerhin haben etwa die neueren spekulativen Thesen über ein außerwissenschaftliches ›Interesse‹ oder eine soziale Bedingtheit der Naturforschung eine heftige Diskussion angeregt. Soweit es hier bislang aufschlußreiche Fallstudien gibt, legen sie den Eindruck nahe, daß weniger die theoretischen Aussagen selbst als vielmehr ihre philosophischen Voraussetzungen, ihre Architektonik und ihr Gebrauch die Unterscheidungen verwischen. So ist bei näherer Untersuchung in diesem Sinne beispielsweise deutlich geworden, daß in Isaac Newtons *Principia Mathematica* neben forschungsinterner Reflexion *auch* die politischen

Vorstellungen seines Landsmannes Thomas Hobbes Eingang gefunden haben.

Dreiteilungen des von Aristoteles vorgenommenen Typs sind außer dem Vorwurf unberechtigter Separierung stets noch dem Verdacht ausgesetzt, weniger der Sache als der allgemeinen Maxime, wonach aller guten Dinge eben drei sind, verpflichtet zu sein. Und tatsächlich spielt die Dreizahl in der Geschichte der Wissensklassifikation bis hin zu Scheler eine überragende Rolle.

Die Einteilung des Aristoteles steht am Beginn aller dieser Versuche, und sie gibt wohl auch die Hauptrichtungen an, in denen sich gedanklich fundiertes menschliches Tun bewegen kann. Daß neben Forschen, Handeln und Herstellen wichtiges anderes existiert, ist genauso gewiß wie die in dieser Feststellung liegende Minderung des Wissensanteils menschlicher Bemühungen – m. a. W. desjenigen, was uns nach Aristoteles die bevorzugte Stellung auf der Naturskala einbringt. Man denke etwa an die seit der Genieästhetik geläufige und danach anwachsende Tendenz, sich ohne Rücksicht auf Wahrheit, andere Menschen oder die Sache selbst »auszudrücken«.

Persönlicher Ausdruck mag sich durchaus auf fruchtbare Weise mit Forschen, Handeln und Herstellen verbinden. In bestimmter Form freilich, als bloße »Betroffenheit« und »Sich-Einbringen« um jeden Preis mag es die Maxime verraten, es komme nicht darauf an, *was* jemand tut, sondern wie er sich dabei fühlt. Man muß kein Aristoteliker sein, um daran zu zweifeln, daß derlei neben unseren Bemühungen, die Welt zu verstehen, zum menschlichen Wohlergehen beizutragen oder etwas Bedeutendes zu schaffen, gleichrangig Respekt verdient.

2. Forschen

> Am nächsten Tag erkundete ich die ganze Insel [...]. Ich konnte nicht davon ablassen, mir den Kopf zu zerbrechen.
>
> *Huckleberry Finn*

2.1 Methoden und Ziele des Forschens

Hucks Aktivitäten illustrieren das Tun des Forschers in seinen beiden hauptsächlichen Aspekten: der Feststellung von Vorgefundenem und dessen gedanklicher Kommentierung. Als Bedingung einer sinnvollen Wissenssuche nennt Aristoteles die angemessene Einstellung zum Forschungsthema, welche die Wahl der Arbeitsweise bestimmt. Er ist ein Anwalt der mit Bewußtsein gehandhabten *Methode*, indes mit der Einschränkung, daß verschiedene Sachgebiete unterschiedliche Vorgehensweisen verlangen. Bei der Erkundung einer Insel wäre es unsinnig, jeden Grashalm zu beachten, während etwa in der Mathematik jegliche Einzelheit mit Genauigkeit *(akribeia)* registriert werden sollte (*Metaphysik* II,3, 995a12 ff.). Darin steckt ein deutlicher Gegensatz zu den einheitswissenschaftlichen Konzeptionen aller Zeiten, aber genauso eine Antithese zum ›Anything goes‹ (Paul Feyerabend), das derzeit noch die moderne Methodologie-Diskussion irritiert. Es geht nicht alles, aber es geht das, was dem Forschungsgebiet gemäß ist (*Teile der Tiere* 639a4 ff.). Auf die naheliegende Frage, wie man Angemessenheit feststellt, gibt Aristoteles eine sehr bemerkenswerte Auskunft, die an das erinnern mag, was in unserem Jahrhundert der späte Wittgenstein, Polanyi und Kuhn behauptet haben: Die Standards der wissenschaftlichen Arbeitsweise werden *sozial* vermittelt, die schlechte Methodenwahl verrät einen Mangel an Erziehung *(paideia),* und zwar solcher von der Art wissenschaftlicher Ausbildung (*Metaphysik* IV,4, 1006a5ff.).

Aristoteles selbst beschreitet in der Hauptsache zwei Wege, auf denen man seiner Einschätzung nach im Zuge der planvollen Untersuchung *(methodos)* einer Sachlage zu Erkenntnissen gelangen kann: den der *Dialektik* und den der *Empirie.*

Grob gesagt, ähnelt die Dialektik in gewisser Weise Hucks Kopfzerbrechen, und die empirische Methode hat eher mit seinem Auskunftschaften zu tun. Die Beziehung ist nur insofern etwas verwickelter, als auch gedankliche Erwägungen von empirischem Material ihren Ausgang nehmen und die Erkundung einer Insel (als Forschungsprozeß begriffen) auf Tieferes zielen müßte als auf bloße Tatsachenfeststellung. Jegliche Forschung hat nach Aristoteles die Aufgabe, Grundlagen zu erkennen, zu vorliegenden Einzelheiten Ursachen und oberste Prinzipien zu erfassen (*Physik* I,1, 184a10ff.). Vorausgesetzt ist, daß die Ausgangsmaterialien bereits als Einzelheiten, als Dinge im Sinne des vorigen Kapitels voneinander gesondert sind. Die Rede von Prinzipien *(archai)* ist umfassend angelegt. Im fünften Buch der *Metaphysik* nennt er verschiedene Bedeutungen (1, 1012b34ff.), darunter die Axiome der Mathematik, Ursachen, Anfangsteile von Gegenständen, Ausgangspunkte, Handlungsmotive u. a. m. Es handelt sich um einen Sammelbegriff für alles, dem sich anderes einseitig verdankt, was sowohl für die Ebene des Betrachtens wie die des Betrachteten gilt. Ist man einmal im Besitz von Prinzipienkenntnis, dann lassen sich daraus erklärungsbedürftige Sachverhalte *erläutern,* rechtfertigungsbedürftige *beweisen* usw.

Letzteres verweist auf die Möglichkeit des Aufbaus eines deduktiven Systems, die bis in unsere Tage die Vorstellung von strenger Wissenschaft bestimmt hat. Nachfahren des Aristoteles unter diesem Aspekt sind etwa Descartes, Spinoza oder die Logischen Positivisten. Interessanterweise erscheint Aristoteles insofern ›moderner‹ als die neuzeitlichen Deduktivisten, als er – wie schon angedeutet – nicht von der Idee geleitet war, alles und jedes aus möglichst wenigen, am Ende gar aus einem einzigen Prinzip abzuleiten.

Welche Arten oberster Prinzipien sich dem Forscher erschließen, differiert je nach zu erkundendem Gebiet, wobei nur eines sich ausnimmt: das der *Ersten Philosophie,* die es mit dem zu tun hat, was sämtlichen Einzelforschungen vorausliegt. Die methodische Konstellation von empirischer Forschung und Dialektik ist grob charakterisiert folgende, daß sich die Erste Philosophie einer besonders streng gefaßten Art der Dialektik bedient. Dies allein mag schon ein hinreichender Grund dafür sein, mit der Darstellung dieser Vorgehensweise zu beginnen.

2.2 Dialektik

Der Name der dialektischen Methode leitet sich vom griechischen Verb für den gesprächsweisen Umgang mit Themen ab, der bei Platon als angemessene Form der Gedankenführung überhaupt begriffen wird. Der normale Sinn von Dialektik bei Aristoteles – die angedeutete strengere Version stellen wir vorerst zurück – setzt bescheidener an. Bezeichnet wird eine Untersuchungsweise, bei der man von gängigen Überzeugungen ausgeht (*Topik* I, 100a30). Der Gegensatz zur empirischen Forschung liegt demnach nicht darin, daß Dialektik mit beliebiger Spekulation ihren Anfang nähme. Der Unterschied ergibt sich daraus, daß die Dialektik ganz spezifische Erfahrungen, nämlich die mit den Meinungen *(endoxa)* bestimmter Leute (*Topik* I, 100b21) oder auch mit Inhalten gedanklichen Allgemeingutes, aufnimmt. In der *Metaphysik* beispielsweise nimmt die Dialektik ihren Ausgang häufig von Lehrauffassungen Platons, der Pythagoreer oder der Eleaten. Die Untersuchung dieser Meinungen nimmt ihren Fortgang im Aufweis von Schwierigkeiten *(aporiai).*

Die Ausgangslage entsprechender Argumentationsverläufe ist uns im Alltag selbstverständlich und findet sich auch bei unseren Freunden vom Mississippi. In spaßiger Form erörtern Huck und Jim eines Tages das Problem fremder Sprachen, und Huck läßt sich die Meinung entlocken, Franzosen seien Menschen. Jim, der davon überzeugt ist, daß Katzen sich Katzen und Kühe sich Kühen mitteilen können, erblickt darin ein Problem: »Dann sag' 'mal, warum er nicht redet wie ein Mensch.« Leider gibt Huck an dieser Stelle auf, wohingegen es nach Aristoteles nun erst richtig losginge (*Metaphysik* III,1, 995a27ff.): Die Aporie des Wortgeplänkels auf dem Mississippi resultiert daraus, daß Jim Franzosen als Menschen ansehen soll, Menschen aber sich seines Erachtens Menschen mitteilen können müßten. Die stillschweigend von Jim akzeptierte Voraussetzung ist die einer gattungsspezifischen Sprache – eine These übrigens, mit der Platon im *Kratylos* zu liebäugeln scheint. Gibt man diese Annahme mit Rücksicht auf sichtbar gewordene Probleme auf, gelangt man fast von selbst zu einem grundlegenden Prinzip der Sprachtheorie des Aristoteles: Der Zusammenhang zwischen Sprache und sprachlich erfaßter Sache ist kein natürlicher, sondern ein konventioneller (*Hermeneutik* 1, 16a26ff.). Huck hätte nur zu erwidern brauchen, daß ein Mensch selbstverständlich eine von unseren Gewohnheiten abweichende Sprache verwenden könne.

Was die Ausgewiesenheit von Ergebnissen der Prinzipienforschung anbelangt, so ist dem Beispiel nach klar, daß sie die motivierenden Aporien beseitigen müssen. Aristoteles fordert sogar – und auch dies wird im vorliegenden Fall geleistet –, sie sollten erklären, warum es überhaupt zur Fehleinschätzung hat kommen können (*Physik* IV,4, 211a9ff.). Wenn man so will, kann man in dieser Bestimmung eine Vorwegnahme des später von Charles S. Peirce (1839–1914) entfalteten Modells eines sich selbst korrigierenden Forschungsablaufes erblicken: »Verschiedene Geister mögen die gegensätzlichsten Auffassungen vertreten, aber der Gang der Forschung treibt sie kraftvoll von ihrer eigenen zu ein und demselben Abschluß.« (*Collected Papers* 5.407)

Die Verwandtschaft des aristotelischen Dialektikers mit einem Mitglied der »Peirceish Community« endet freilich dort, wo nicht mehr die bloße Meinungskorrektur auf der Tagesordnung steht, sondern es strenger zugeht, auf dem Feld der *Ersten Philosophie*. Hier bezieht sich die Prinzipienforschung auf ganz bestimmte Auffassungen, die denen, über die sich sinnvoll Meinungen bilden könnten, notwendig vorausliegen. Aristoteles' Kardinalfall ist der Satz vom ausgeschlossenen Dritten (*Metaphysik* IV,7). Indem zwei sich streiten, setzen sie voraus, daß Meinung und Gegenmeinung nicht zugleich gelten können. Aristoteles nennt solche Prinzipien (*Metaphysik* IV,1, 1003a21 ff.) diejenigen einer Forschung, die das Seiende *(to on)* als solches *(on he on)* erschließt. Das klingt etwas befremdlich, läßt sich aber für den allerersten Zugang klar fassen: Wenn Jim den Franzosen für einen Menschen hält, befaßt er sich mit ihm als Angehörigen einer Gruppe, registriert dessen Eigenschaften usw. Für den Physiologen bilden Jim und der Franzose zwei Organismen mit wechselseitiger Rezeption. Wir selbst haben sie oben als Beispiele herangezogen. Prinzipien indes, die uns die Erste Philosophie lieferte, lägen jenseits solcher spezifischen Ansichten. Sie müßten uns darüber belehren, was zugrundeliegt, wenn wir, Jim oder der Physiologe überhaupt von irgendetwas sagen, daß es irgendetwas sei.

Einiges in dieser Hinsicht stellt die früher erwähnte Kategorienlehre bereit, die ja offenkundig weder Resultate empirischer Forschung anbietet noch sich allzusehr mit der Verbesserung vorgängiger Meinungen abgibt. Es läßt sich allerdings schwerlich ignorieren, daß weder mit der oben gegebenen Kennzeichnung der Aufgabe noch mit den Beispielen der Kategorien oder des Satzes vom ausgeschlossenen Dritten die Methode strenger Dialektik hinreichend umrissen ist.

Schließlich soll die Erste Philosophie nicht etwa vorrangig von den Bedingungen unserer Redegewohnheiten oder Auffassungen handeln (wie es in Sonderheit die sogenannte Transzendentalphilosophie der Neuzeit versucht), sondern vom Seienden selbst, insofern es ist. Sie kann es nicht als gewöhnliche Dialektik tun, da diese es mit *Meinungen* über Seiendes zu tun hat, aber nicht mit diesem selbst.

Aristoteles kennzeichnet die Instanz, die es uns erlaubt, Prinzipien zu erkennen, mit Hilfe eines besonderen griechischen Ausdrucks *(nus)*. Von der Bedeutung des Begriffs haben wir uns schon an früherer Stelle eine Minimalvorstellung verschafft. Welche Auslegung auch immer in der Aristoteles-Interpretation (›Verstand‹, ›Verstehen‹, ›Intuition‹, ›intuitiver Verstand‹ usf.) favorisiert wird, keine rührt mit Rücksicht auf die Textgrundlage daran, daß Aristoteles die Ergebnisse der Realisierung dieser besonderen Disposition für unbezweifelbar, für *wahr* hält (*Zweite Analytiken* II,19, 100b5 ff.). Aristoteles sagt dies nicht nur ausdrücklich, sondern er zeigt es überdies durch die Verwendung des Ausdrucks ›Erkenntnis‹ *(epistēmē)* in bezug auf die Prinzipien an. Damit wird unterstellt, es könne für alle Zeiten nicht anders sein (*Nikomachische Ethik* VI,3, 1139b19), als im Zuge des dialektischen Verfahrens festgestellt wurde.

Diese Sachlage hat den Vorwurf erleichtert, Aristoteles habe die Dialektik innerhalb der Ersten Philosophie für eine Art direkter Einsicht gehalten, die an einem persönlichen Fürwahrhalten festgemacht ist (übrigens einer der Gründe dafür, daß Karl Popper Aristoteles unter die Feinde der »Offenen Gesellschaft« rechnet). Aber die konkrete Gestalt strenger Dialektik und die oben erläuterten Eigenheiten belegen, daß die festgestellten Prinzipien keine dogmatischen Setzungen sind und durchaus ernsthaften *Kontrollen* unterliegen. Sie müssen miteinander harmonieren und sich zudem durch Problemlösekraft rechtfertigen, indem sie Schwierigkeiten bewältigen, an denen die entgegenstehenden Auffassungen gescheitert sind. Sie müssen außerdem mit den Prinzipien derjenigen Bereiche, die Seiendes unter fachspezifischen Gesichtspunkten betreffen, verträglich sein. Das ist gewiß erheblich mehr, als ein bloßes Evidenzerlebnis leisten könnte, und wohl auch nicht weniger, als erkenntnismäßig überhaupt zu haben ist. Die Prinzipienforschung erstellt einen Bau mit sich wechselseitig stützenden Elementen, der auch unter dem Aspekt der Verteidigungsfähigkeit kaum seinesgleichen hat. Es gelten beispielsweise die ›leitenden Maximen‹ aus Kants *Metaphysischen Anfangsgründen* zwar als weniger problematisch (als Maximen der Urteilskraft sind sie weder wahr noch falsch), aber sie sind schließlich nur für einen spezifischen Sektor und in eine vergleichsweise fragmentarische Form gefaßt. Die seit einigen Jahren wieder hochgeschätzten ›fundamental ideas‹ William Whewells (1794–1866), des herausragenden Forschungstheoretikers des Viktorianischen Zeitalters, sind vergleichbar breit, aber dafür mit weitaus geringerer Akribie entfaltet. Von dem eigentlichen neuzeitlichen Klassiker der Prinzipienforschung, von Descartes, braucht an dieser Stelle gar nicht erst vergleichend Rede zu sein. Allzu lose erscheint die Verknüpfung zwischen dem obersten Prinzip der Selbstgewißheit und den sonstigen Grundsätzen des cartesischen Systems.

2.3 Empirie

Die weitaus meisten der heute interessierenden Forschungsergebnisse des Aristoteles sind aus der Dialektik erwachsen, und die energische Ablehnung, welche etwa die dialektisch erarbeitete *Physik* im Zuge der Formierung neuzeitlicher Wissenschaft erfahren hat, beruht großenteils auf einem Mißverständnis.

Aristoteles offeriert eine allgemeine Theorie der Natur, die der empirischen Forschung vorausliegt. Sie steht nicht in einem Konkurrenzverhältnis zur empirischen Forschung, genausowenig wie etwa die Kategorienlehre mit der biologischen Einteilung konkurriert. Daß ihre inhaltlichen Vorgaben spezifischen Bereichen der Naturforschung eine Richtung gegeben haben, die man unter geänderten Voraussetzungen nicht mehr hat einschlagen wollen, ist eine andere Sache. Daraus Kritik abzuleiten, mag in etwa so leicht oder schwer sein, wie darüber zu urteilen, ob Kants Metaphysik der Natur mit der Überwindung der Klassischen Mechanik erledigt ist.

Daß Aristoteles selbst den Zusammenhang zwischen den Ergebnissen der Ersten Philosophie und der Arbeit in einzelnen Disziplinen nicht als schlichtes Ableitungsverhältnis hat sehen wollen, beweist die Sorgfalt, mit der er das nichtdialektische Vorgehen bezeichnenderweise am Beispiel der Astronomie beschreibt: Am Anfang steht Sinneswahrnehmung *(aisthēsis)* von Erscheinungen, wobei die Leistung der Erfahrung *(empeiria)* darin besteht, die Phänomene so zu gewichten, daß für weiteres Vorgehen eine Datenbasis gewonnen wird (*Erste Analytiken* I,30, 46a17ff.), indem man einander störende Befunde miteinander abgleicht – eine Parallele zur produktiven Nutzung der Aporien in der Dialektik. Ironischerweise fordert Aristoteles im Zusammenhang mit entsprechenden Bemühungen genau das, was später Francis Bacon, einer der neuzeitlichen Herolde des Anti-Aristotelismus, in seinem *Neuen Organon* (1605) gegen ihn in Stellung bringt: nämlich sich von liebgewordenen Vorurteilen darüber, wie es sich mit diesem oder jenem verhält, freizumachen (*Zweite Analytiken* II,13, 97b7ff.).

Der nächste Schritt besteht in der abstrahierenden Behandlung *(epagōgē)* der gewonnenen Befunde (*Zweite Analytiken* I,3, 72b27ff.) und damit in der Einsicht in ein Prinzip. Der genannte griechische Ausdruck wird gern mit ›Induktion‹ wiedergegeben, was ein wenig irreführend sein mag. Gemeint ist keineswegs eine Verallgemeinerung in der Weise, daß ein Einzelbefund ohne Rechtfertigung auf die Klasse entsprechender Objekte übertragen würde. Ein wichtiger Punkt zum Verständnis der Sache ist der, daß in der Erfassung des

Einzelfalles bereits etwas Überindividuelles steckt. Das Urteil über Einzelnes ist ja stets eine Aussage im Rahmen der Kategorien, es ist darüber hinaus verbunden mit bereits vorhandenen Intuitionen über ganze Dingbereiche. Eine Feststellung Jims über einen bestimmten Franzosen ist nicht der Anfang aller Bestimmung, sondern setzt einiges an Bestimmtheit voraus: in bezug auf Lebewesen, Quantität u. a. m. Die ›Induktion‹ von Einzelfeststellungen bedeutet für Aristoteles so etwas wie deren Integration in bereits vorhandene allgemeine Auffassungen, die damit angereichert sowie gestützt oder problematisiert werden. Wir beginnen eben nicht im leeren Raum, sondern haben vorgängige allgemeine Vorstellungen, beispielsweise über die Menschen, zu denen wir die über einen Franzosen in Beziehung setzen. In den *Zweiten Analytiken* heißt es demgemäß, das Allgemeine sei im Einzelnen bereits erhalten (II,19, 100a17). Man tut sich vielleicht am leichtesten mit dem, was Aristoteles vorgeschwebt haben mag, wenn man den ursprünglichen Wortsinn von ›epagōgē‹ wie von ›Induktion‹ bedenkt: Beides bedeutet ›Hinführen‹, ›Heranbringen‹ und dergleichen aus dem Begriffsfeld. Ergänzt wird diese Wechselbeziehung, indem eine neugewonnene Allgemeinvorstellung sich dadurch rechtfertigt, daß sie nicht im Widerspruch zu den *erfahrungsgemäß* anerkannten Erscheinungen steht (*Über den Himmel* 306a7ff.).

Die geschilderte Konzeption der empirischen Forschung hat sich in der Wissenschaftsgeschichte als sehr fruchtbar erwiesen. Bezeichnenderweise sind die methologischen Vorstellungen Galileis vermutlich aus der in der Schule von Padua gepflegten Kommentierung der *Analytiken* erwachsen. Überdies wirkt die beschriebene Abfolge modern in der Hinsicht, daß die neuzeitlichen Empiristen die erste Phase mit Datengewinnung und -aufbereitung für vernünftig halten könnten und die Popperianer die Idee kritischer Prüfung im Abschlußteil der Methode wiederfänden. Nichtsdestoweniger gibt es gute Argumente dafür, daß wir von Aristoteles im Blick auf die Methode einer Erfahrungswissenschaft heute wenig lernen können.

Ein augenfälliges Hindernis für jedwede Aktualisierung des Ansatzes liegt in dem unklaren Bezug zum Induktionsproblem. Die Humesche Herausforderung ist ein Spezifikum der neuzeitlichen Betrachtung, und es gibt kein Indiz dafür, daß Aristoteles die Vielzahl der logischen und erkenntnistheoretischen Probleme, die durch Generalisierungen aufgeworfen werden, erkannt oder gar ihre Lösung angebahnt hätte. Aristoteles hat zwar bemerkt, daß die Induktion von gewöhnlichen Schlußverfahren verschieden ist (*Erste Analytiken* II,23, 68b13f.), hat sich aber dennoch nicht davon abhalten lassen, für den Nutzen der Verallgemeinerung zu votieren. Die damit gesetzte Spannung besteht aller Lösungsvorschläge des Problems zum Trotz fort, und Aristoteles mag als derjenige gelten, der an der ›Glorie der Wissenschaft und dem Skandal der Philosophie‹ (Broad) den Anteil des Ersttäters hat.

Ein Erklärungsgrund für den Abstand seiner Überlegungen zu modernen Darstellungen der Problemlage mag darin zu finden sein, daß die Ausgangssituation des Forschers im aristotelischen Kontext von der im neuzeitlichen differiert: Die Wissenschaft des Aristoteles experimentiert nicht und steht forschungspraktisch deshalb kaum vor dem Problem, von irgendwelchen spektakulären – erst durch komplexen Versuchsaufbau gewonnenen – Einzelfeststellungen zu überzeugenden Allgemeinaussagen zu gelangen. Die singulären Urteile, die sie fällt, bewegen sich im Rahmen dessen, was sich leicht im Gespräch mitteilen läßt und was jeder Gesprächspartner mit dem Blick auf einzelne und viele Dinge selbst sehen kann.

Eine Problematisierung verdient auch die hier einmal mehr zutage tretende Auszeichnung der Sinneserfahrung. Wenngleich das empirische Vorgehen wie das dialektische in den Bereich ›theoretischer‹ Anstrengungen gehört, will es die Ironie der Begriffsgeschichte, daß Aristoteles deutlich abweist, was heute als Theoretizität unverzichtbarer Bestandteil empirischer Wissenschaft ist. Darunter fallen etwa Größen, die sich aufgrund ihrer Abstraktheit oder auch nur physischen Kleinheit der Beobachtung entziehen. Nicht zu vergessen sind aber erst recht jene ›Dinge‹, ›Sachverhalte‹ und ›Konstrukte‹, die es nach den akzeptierten wissenschaftlichen Lehren nicht geben kann, aber ein integratives Moment der Theoriebildung sind. Ein Gas ohne die geringsten Wechselwirkungen der Moleküle, aus denen es besteht, ist physikalisch ein Unding. Der bei exakt 273 Grad Celsius gegebene Zustand von Materie kann stets nur annähernd wiedergegeben werden und widerspräche dem, was wir über kinetische Energie wissen. Nichtsdestoweniger sind das ideale Gas und der absolute Nullpunkt wichtige Elemente naturwissenschaftlicher Theoriebildung. Die Vorstellung, mittels Fingiertem, durch bloße ›Rechenpfennige‹ mit der Welt zurecht zu kommen, ist Aristoteles fern. Ihm geht es um die Vermittlung identifizierbarer Elemente, also dessen, was ihm auf der Grundlage der Sinneserfahrung als wirklich erscheint.

Die Sinne selbst sind ihm das, was der gemeine Menschenverstand bis heute als solche ansieht: Gesichtssinn, Gehör, Geruchsinn, Geschmack, Tastsinn (*Teile der Lebewesen* III,1, 424b22f.). Zwar sind wir dem Forschungsstand nach sehr viel besser belehrt als Aristoteles und wissen etwa, daß es Lebewesen mit magnetischer Orientierung gibt, aber verständlich wird uns derlei für gewöhnlich erst, indem wir, beispielsweise durch eine bildliche Darstellung, Analogien zu den herkömmlichen vertrauten Sinnen bilden. Erkenntnistauglich wird das rohe Material, das die Sinne anbieten, sobald wir es durch die Eingrenzung bzw. Benennung von Dingen, d.h. die Fixierung des in bloßer Wahrnehmung stets Flüchtigen, stabilisieren und im Vorstellungsraster der Kategorien verarbeiten. Dabei ist es wichtig, die verschiedenen Ebenen der Umsetzung unserer Sinneswahrnehmung zu unterscheiden: zum einen deren bloße Aufnahme als Ding mit Eigenschaften, im weiteren ihre vorstellungsmäßige Verknüpfung und schließlich deren Umsetzung in sprachlich gefaßte Urteile über die Welt, wovon noch die Rede sein wird.

Die Aristoteliker haben die auf den ersten beiden Ebenen gestellte Aufgabe vor allem in der Verbesserung von Beobachtungen gesehen, und speziell die antike Astronomie – wie sie im vorrangig peripatetisch beeinflußten alexandrinischen *Museion* betrieben wurde – hat in bezug auf die Gewinnung und Systematisierung und Sicherung von Daten einen sehr hohen Stand erreicht.

Es führt ein wenig vom Wege ab, mag aber für die philosophische Einschätzung aristotelischer Empirie nicht ganz unerheblich sein, anzumerken, daß die antike Diskussion eine philosophische Nuß übriggelassen hat, die bis heute ungeknackt ist – das sogenannte soritische Argument, das im Altertum zur Lieblingsmunition der Gegner empiristischer Einstellungen gehörte. Im Altertum waren es zuvorderst die Gegner empirischer Einstellungen, die an dieser Stelle ansetzten. Im zweiten Jahrhundert nach Christus wendet sich Galen, der berühmte Arzt, in seinem Traktat *Über medizinische Erfahrung* (VII 8-VIII,1) gegen ›dogmatische Ärzte‹ und erörtert deren Argument. Er zeigt sich aber wohl bewußt, daß das durch seine zeitgenössischen Gegner aufgeworfene Problem zeitlos-grundsätzlicher Natur ist. Es geht dabei um die Vagheit gewöhnlicher Begriffe, wie sie uns beispielsweise begegnet, wenn wir von einem Haufen (*sōros,* davon auch der Ausdruck ›Sorites‹, der die entsprechende logische Figur bezeichnet) Sand sprechen. Das Entfernen eines einzelnen Sandkorns dürfte nichts daran ändern, daß wir einen Haufen Sand vor uns haben, genausowenig die Wegnahme eines weiteren usw. Auch umgekehrt sind wir sicher, daß drei oder vier Körner noch keinen Sandhaufen bilden und das Hinzufügen eines weiteren ebenfalls keine Bezeichnungsprobleme mit sich brächte. So werden wir von zwei Seiten zu der unhaltbaren Festlegung gedrängt, wir hätten es ab dem

4712ten Sandkorn mit einem Sandhaufen zu tun und vorher nicht.

Galen variiert das Thema methodologisch: Will man sich nicht allein auf einen möglicherweise zufälligen Eindruck von einem Gegenstand verlassen, so liegt die Maxime nahe, man solle ihn mehrfach betrachten. Was aber bedeutet das? Wenn 50 Beobachtungen genug wären, machte es dann einen Unterschied, wenn es nur 49 wären? Und wenn 49 ausreichten, wäre es nicht mit 48 auch getan? Und so ginge es fort. Demnach verlangte das Postulat gesicherter Beobachtung eine willkürliche Grenzziehung, etwa in der Weise, daß eine verläßliche Observation nicht vier-, sondern mindestens fünfmal stattgefunden haben müsse.

Das soritische Argument ist eine fortwährende Provokation aller Wissenschaft, die sich auf stabile Begriffe und Beobachtungen stützen will. Eine grundsätzliche Problembereinigung gibt es nicht – dafür allerdings einige gute pragmatische Einwürfe. Eine Aristoteles genehme Entgegnung ließe sich anhand des zu Anfang dieses Kapitels über methodische Angemessenheit Gesagten entwickeln: Beobachtungssorgfalt und begriffliche Fixierung des Beobachteten seien eine Sache der wissenschaftlichen Sozialisation *(paideia)*.

2.4 Semantik und Logik

Zu den bekannten Resultaten der Dialektik zählen Aristoteles' Semantik und Logik, denen gegenläufig betrachtet wiederum Erläuterungs- wie auch Hilfsfunktionen für jegliche methodische Arbeit zukommen. Sie explizieren und erleichtern die Beachtung der Bedingungen dafür, warum der Forschungsprozeß überhaupt erfolgreich verlaufen kann: weil es uns gelingt, Sprache und Wirklichkeit miteinander ins Verhältnis zu setzen, weil wir bestimmte Regeln einhalten, wenn wir eine Feststellung mit einer anderen verknüpfen u. a. m.

Erinnern wir uns an die Kategorienlehre und greifen der Einfachheit halber auf das Beispiel des Franzosen zurück, der den kleinen Disput zwischen Huck und Jim veranlaßt hat. Inwiefern Aristoteles keinen Zweifel daran aufkommen läßt, daß es ein bestimmtes Individuum, über das wir reden, im Sinne einer Substanz gibt, braucht nicht mehr eigens erörtert zu werden. In Verbindung mit bestimmten Vorstellungen über deren Eigenart sind wir überdies bereit, eine große Gruppe von Individuen als Franzosen zu bezeichnen. Daß der Zusammenhang zwischen einem Ausdruck und dem, wofür er steht, nach Aristoteles im Regelfall konventionell ist, wissen wir bereits. Es existiert keine ›innere‹ Entsprechung zwischen dem lautlichen Gebilde und der mit seinem Gebrauch verbundenen Vorstellung.

Mit Lauten, die etwas bedeuten, gelangen wir über das bloße Bezeichnen hinaus in den Raum genauerer Angaben. In manchen Formen (z. B. als Wünsche oder Befehle) sind solche Angaben nützlich oder schädlich, aber kaum wissenserweiternd. In der Gestalt von Aussagen bilden sie die sprachlichen Stücke unseres Wissens, archivieren sie Beobachtungen, grundsätzliche Einsichten und alles, was dazwischen liegt. Sie enthalten die Antworten auf Fragen, die uns in den Sinn kommen, wenn wir mit Erscheinungen, Meinungen, Aporien usw. konfrontiert sind. Aristoteles' Logik bezieht sich auf den Umgang mit Aussagen – genauer betrachtet mit solchen, die (und hier wird der Hintergrund der Suche nach ewig gültigen Prinzipien deutlich) keinerlei zeitlichen Bedingtheiten unterliegen. Zu den in diesem Zusammenhang vielbesprochenen Beispielen der Logikgeschichte gehört Aristoteles' illustrierender Hinweis auf die Behauptung einer in der Zukunft erwarteten Seeschlacht im neunten Kapitel der *Hermeneutik,* auf die auch in den neueren vielversprechenden Ansätzen der Temporalen Logik (Prior, Rescher u. a.) gerne Bezug genommen wird: Die Behauptung, daß *morgen* ein Seegefecht stattfinde, ist (anders als beispielsweise die, ein solches habe es *gestern* gegeben) im Rahmen seines Ansatzes nicht entscheidbar. Aristoteles hat keinen Anlaß gesehen, das Beispiel anders als negativ zu benutzen, wohingegen die derzeit dominierende Vorstellung der Welt als *offenem* System auch den Logikern Einstellungsänderungen abnötigt.

Aussagen, sofern sie nicht bestimmte widrige Eigenschaften haben, sind nach Aristoteles entweder *wahr* oder *falsch* (*Hermeneutik* 9, 18a28ff.). Redensartlich Akzeptiertes, wonach ›ein bißchen Wahrheit‹ einer Äußerung innewohnen mag, muß unter dieser Voraussetzung in gedanklichen Morast führen. Das eine schließt das andere aus. Tertium non datur.

Aristoteles' Festlegung ist gewiß nicht zwingend, war aber jedenfalls so eingängig, daß sie den Rahmen abgesteckt hat, über den die Logik über Jahrhunderte hinweg nicht hinausgegangen ist. Und noch in unserem Jahrhundert hat etwa Bertrand Russell viel Mühe und allerlei Scharfsinn darauf verwandt, Widerspenstiges so zu interpretieren, daß es als wahre / falsche Aussage – und nicht etwa als Zwischending – gilt.

›Der Vater Huckleberry Finns ist ein Miststück‹,

bedeutet nach Russell (*Principa Mathematica* (14.21) dasselbe wie:

›Es gibt genau ein Etwas mit der Eigenschaft,
Hucks Vater und obendrein ein Miststück zu sein.‹

Das mutet reichlich umständlich an, hat aber für Aristoteliker den Vorzug, eindeutig falsch zu sein, weil es Hucks Vater in Wirklichkeit nicht gegeben hat. Die Alltagssemantik bevorzugt eine andere Darstellungsform. Die meisten Menschen würden Kommentare z. B. des Inhaltes vorziehen, die Einschätzung der Aussage hinge davon ab, ob man literarische Gestalten für existent ansehen wolle, was man unter einem Miststück verstehe usw. Sie würden also neben der Möglichkeit von Aussagenwahrheit und -falschheit noch einräumen, daß es manche sinnvolle Feststellung gibt, für die sich ein dritter Wert (etwa ›unbestimmt‹, ›kontextabhängig‹ o. ä.) anböte.

Genauso wirkungsmächtig wie die Entscheidung für die Zweiwertigkeit war Aristoteles' Charakterisierung der beiden Werte selbst. Sagen, daß das Seiende ist, und das Nichtseiende nicht, dies sei mit ›Wahrheit‹ gemeint, lautet die einschlägige Passage der *Metaphysik* (IV,7, 1011b25ff.). Für Falschheit gelten die entsprechend gewendeten Verhältnisse. Nun liegen die Dinge freilich so, daß die deutsche Übertragung mit den unüblichen Ausdrücken ›Seiendes‹ und ›Nichtseiendes‹ eine Befremdung aufkommen läßt, welche den griechischen *(to on – to me on)* abgeht.

Was damit gemeint ist, wird aber sicher nicht allzusehr historisch verzerrt, wenn wir es in eine Formulierung übersetzen, die von einem Logiker des zwanzigsten Jahrhunderts stammt, von Alfred Tarski: »Eine wahre Aussage ist eine Aussage, welche besagt, daß die Sachen sich so und so verhalten, und die Sachen verhalten sich eben so und so.«

Am Beispiel gesprochen: »Huck ist der Sohn des alten Finn« ist dann wahr, wenn Huck der Sohn des alten Finn ist. Die Umstandslosigkeit mit der diese Regelung akzeptiert wird, hängt nicht zuletzt mit dem Umstand zusammen, daß sie – ob allein aufgrund ideengeschichtlicher Wirkung oder als eine Art Universale – mit dem harmoniert, was der sogenannte Mann auf der Straße unter Wahrheit versteht. Jedenfalls weisen die von Aarne Naess u. a. erzielten Ergebnisse der empirischen Semantik in diese Richtung. Die intuitiven Voraussetzungen des aristotelischen Wahrheitsbegriffs kann man in alltäglicher Sprache folgendermaßen umschreiben:

- Wenn von Wahrheit die Rede ist, muß Falschheit als mögliches Gegenstück vorgesehen sein (Philosophen wie etwa Heidegger oder Gadamer gehen in diesem Punkt einen anderen Weg).
- Wahrheit und Falschheit hängen von der Beschaffenheit der Welt ab.

Beide Annahmen führen in verschiedene Schwierigkeiten hinein. Aber weder die damit verbundenen Antinomien noch die erkenntnistheoretische Problematik des naiv erscheinenden Realismus (Abbildbarkeit der Welt) haben hinreichend Veranlassung gegeben, den auf diese Vorstellungen begründeten Wahrheitsbegriff zu verabschieden. Im Gegenteil haben gerade Problemfiguren wie jener Kreter, der uns über die Lügenhaftigkeit seines Volkes belehrt und in eine paradoxe Verteilung wahrer/falscher Aussagen hineinzwingt, dafür gesorgt, daß aristotelische Wahrheitsvorstellungen immer neue Präzisierungen erfahren haben.

Beträchtlichen Anteil an der Kritik hat möglicherweise das Mißverständnis, die Bestimmung der Wahrheit liefere zugleich ein *Kriterium* dafür, wann im konkreten Fall von Wahrheit die Rede sein soll. In der Tat sind konkurrierende Ansätze in dieser Hinsicht nützlicher, vorzugsweise jene, welche die Stimmigkeit bzw. Kohärenz der zu bewertenden Aussagen mit schon vorliegenden oder noch zu gewinnenden Feststellungen in den Vordergrund rücken. An einer Stelle der *Metaphysik* (IX,10, 1051b6ff.) scheint Aristoteles ein kleines Stück auf dem Weg dorthin zu sein, wenn er vorschlägt, die Wahrheitsfeststellungen über eine Explikation der Aussage, d.h. weitere Aussagen, anzugehen. Aber hier wie insgesamt gilt, daß er unserer Wirklichkeitserfassung eine direkte Entscheidung über Wahrheit oder Falschheit zutraut, auch wenn uns, wie er am selben Ort einräumt, veränderliche Dinge zuweilen zu täuschen vermögen. Ohnehin ist der Sinn der Bestimmung von Aussagenwahrheit von den Problemen der *Wahrheitszuschreibung* unberührt. Sie erfüllt sogar eine Bedingung, ohne deren Erfüllung jene Koppelungen von Aussagen, wie sie die Kohärenzauffassungen fordern, gar nicht ins Werk gesetzt werden können. Der Nachweis für diese Behauptung läßt sich leicht führen, wenn man den trivialen Umstand bedenkt, daß Kohärenz nichts anderes bedeutet, als daß Aussagen nicht miteinander unverträglich sind. Die Verträglichkeit muß aber mindestens besagen, daß beide zusammen *wahr* sein können.

Auf der Grundlage seiner Vorstellung von Aussagenwahrheit hat Aristoteles besonders zwei Varianten möglicher Unverträglichkeit von Aussagen erörtert: *Kontradiktion* und *Kontrarietät.*

Kontradiktorische Aussagen können nicht zusammen wahr und nicht zusammen falsch sein, wohingegen konträre nicht zusammen wahr, sehr wohl aber zusammen falsch sein können (*Hermeneutik* 7, 17b,1 ff.). Beispiele für kontradiktorische Urteile wären:

> *Tom ärgert Huck. – Es ist nicht der Fall, daß Tom Huck ärgert.*
> *Kein Hühnerei kann laufen. – Wenigstens ein Hühnerei kann laufen.*

Konträre Urteile wären etwa:

> *Am Ende war Huck glücklich. – Am Ende war Huck traurig.*
> *Kein Hühnerei kann laufen. – Jedes Hühnerei kann laufen.*

Die Unterscheidung erleichtert es, dem Verdacht auf Inkonsistenzen nachzugehen, bringt diese auf Begriffe und macht klar, wann wir uns für eine von zwei rivalisierenden Behauptungen entscheiden müssen, und wann es sich lohnt, nach einem Tertium Ausschau zu halten.

Was darüber hinaus geleistet wird, ist die Eröffnung der Möglichkeit einer systematischen Aussagenverkettung, die nicht allein das Aussondern einzelner unpassender Urteile über die Welt erlaubt, sondern, mehr noch, einen kontrollierten ›schlüssigen‹ Wissensaufbau gestattet. Die Darstellung dieser Möglichkeit ist Aristoteles' Lehre vom *Schluß,* die er in den *Ersten Analytiken* ausbreitet. Seine Formulierungen stimmen nicht genau mit dem *Collegium logicum* überein, das später als typisch aristotelisch galt bzw. noch gilt und von Goethe als ›Spanischer Stiefel‹ des Denkens verspottet worden ist. Aristoteles beschreibt Zusammenhänge des Typs ›Wenn A vorliegt, dann auch B‹, woraus sich im Laufe der

Aristoteles-Rezeption ein Ensemble von Schlußfiguren mit Merknamen (*Barbara*, *Darii* usw.) entwickelt hat. Ein Schluß *(syllogismos)* besteht traditionell in seiner einfachsten Form aus zwei vorgegebenen Annahmen (Prämissen) sowie einer Folgerung (Konklusion) und kann in der bekanntesten Fassung etwa lauten:

Alle Kuckucke sind Vögel.
Das auf diesem Foto abgebildete Wesen ist ein Kuckuck.
Ergo: *Es handelt sich um einen Vogel.*
Oder:
Kein Mensch kann aus eigener Kraft fliegen.
Alle Männer sind Menschen.
Ergo: *Kein Mann kann aus eigener Kraft fliegen.*

Unabhängig davon, ob wir die Prämissen für wahr oder falsch erachten, können wir uns darauf verlassen, daß die entsprechende Entscheidung geregelte Auswirkungen hat. D. h. wenn wir die erste Prämisse des zweiten Syllogismus im Gedanken an den Schneidermeister von Ulm ablehnen und für falsch halten, ist zwar der Schluß weiterhin zwingend, muß aber inhaltlich keineswegs gebilligt werden. Die Schlußlehre stellt lediglich die *Form* gültiger Argumente bereit und sagt uns, wie wahre Annahmen transportiert werden können.

2.5 Ontologie

In bezug auf den *Inhalt* der Aussagen legt sich Aristoteles durch die Art seiner Fragen (*Zweite Analytiken* II,1, 89b23 ff.) fest. Er unterscheidet vier Hinsichten:

- ob eine Sache überhaupt existiert,
- ob sie so oder anders ist,
- warum sie so ist, wie sie ist,
- was sie ist.

Die ersten beiden Frageaspekte haben uns bereits ansatzweise beschäftigt. Mit ihnen hat man es vorzugsweise im Anfangsstadium der empirischen Methode, dem der Beobachtung, zu tun. Sie begegnen uns auch im Mittelteil der Dialektik, wo die Bildung überlegener Auffassungen im Anschluß an die Erledigung der durch andere Meinungen erzeugten Aporien angestrebt wird. Hier entscheidet sich, ob der thematisierte Gegenstand wirklich existiert, und es ergibt sich ein erster Aufschluß darüber, wie die entsprechende Sache ist. Ein tieferes Eindringen wird durch die beiden anderen Problemstellungen markiert: ›Warum?‹ und ›Was?‹. Wir werden sehen, daß diese Fragen miteinander verschränkt sind.

Das Motiv für die beiden letzteren Fragen ergibt sich durch eine Schwierigkeit, die die beiden ersteren aufwerfen und der wir bereits unter dem Aspekt des Wahrheitskriteriums begegnet sind. Es fällt uns am schwersten, eine definitive Feststellung über eine Sache zu treffen, wenn diese zu *Veränderungen* neigt. Veränderung kann verschiedenes besagen: erstens eine solche der *Qualität,* zweitens der *Quantität,* drittens des *Ortes* und viertens der *Substanz* (*Physik* III,1, 200b35ff.). Indem aus dem Säugling Kain ein gehfähiger Mensch wird, verändert er seine Qualität, bleibt aber als Substanz (wir sind dem Begriff in der Kategorienlehre bereits begegnet und werden ihm bald weiter nachgehen) identisch. Die gleichzeitige Größenzunahme stellt eine quantitative Veränderung dar. Wenn der gewachsene Kain den biblischen Wald durchstreift, vollzieht er eine Ortsveränderung, eine *Bewegung* (der griechische Ausdruck *›kinēsis‹* macht ein wenig Ärger, weil für Aristoteles die Größenzunahme ebenfalls damit zu benennen wäre; *Physik* IV,4, 211a15).

Als substantielle Veränderung sieht Aristoteles das Werden und Vergehen von etwas an, also einen Prozeß, bei dem etwas *selbst* anders wird. Man erkennt unschwer, daß die Erfassung eines solchen Vorganges eng mit der Beantwortung der Was-Frage verbunden ist. Um Andersheit bzw. Anderswerden zu konstatieren, muß immerhin Klarheit über die eigentlich zu erwartende Beschaffenheit des Trägers der Veränderung bestehen. Das schließt sich intuitiv nicht ohne weiteres an das über die anderen Typen von Veränderungen Gesagte an, insofern dort erkennbar ein identisches Substrat Träger der Veränderung ist. Davon kann beim Entstehen und Vergehen keine Rede sein. Aristoteles enthebt sich dieser Schwierigkeit durch einen Griff auf die Distinktion zwischen *Ganzen* und *Teilen*. Eine substantielle Veränderung, beispielsweise die Entstehung Kains, verdankt sich vorgängig vorhandenen Teilen dieses Dinges, nach Aristoteles' Biologie dem Samen Adams, durch den Kain präformiert wurde. Was der Kürze halber unausgeführt bleiben muß, aber wenigstens vermerkt sein soll: Die Hauptzüge der modernen Ontologie von Ganzen und Teilen, wie sie in ihrer eindrucksvollsten Form von Peter Simons (geb. 1950) vertreten wird, sind genau jene, die Aristoteles in diesem Themenbereich (*Metaphysik* V,25 u. 26) vorgibt: die Unterscheidung zwischen uneinheitlichen Stükken, die sich zum Ganzen addieren, unabhängigen Elementen von Klassen sowie abhängigen Momenten (Form, Materie, Farbe usw.).

Die Gedankenführung der Theorie substantieller Veränderung wird etwas leichter zugänglich, wenn man sich eine spontane Irritation ins Bewußtsein hebt, die der Ansatz aufgrund des ihm innewohnenden Kontinuitätsprinzips mit sich bringt. Daß Aristoteles auf eine aufwendige Deutung von Entstehen und Vergehen verfällt, scheint uns vor allem deshalb befremdlich, weil wir in der jüdisch-christlichen Tradition leicht bereit sind, Schöpfungen zu akzeptieren. Dagegen steht aber u. a. die oben erwähnte strikte Trennung von Natürlichem und Artifiziellem. Die natürlichen Veränderungen sind das Ergebnis einer Selbsttätigkeit, einer umfassenden Veränderungskette, in der ewig, ohne daß irgendetwas umsonst geschähe (*Über den Himmel* I,4, 271a33), ein Glied in das andere greift. Aristoteles' Gott ist denn auch kein Schöpfer, sondern eine Art Impulsgeber, der das Rad der Veränderung in Bewegung hält, wie das achte Buch der *Physik* in verwickelter Argumentation darzulegen versucht. Die rheinische Weisheit ›von nix kütt nix‹ und ihre vornehmeren Fassungen drücken ziemlich genau aus, welcher Gedanke hier regiert. Sie zeugen auch von der Hartnäckigkeit, mit der sich Aristotelisches sogar dort bewahrte, wo der Glaube an einen aus dem Nichts schaffenden Gott jahrhundertelang verbindlich war.

Zur Charakterisierung der Zustände, zwischen denen eine Veränderung stattfindet, bezieht sich Aristoteles auf Überlegungen zum Verhältnis von Möglichkeit *(dynamis)* und tatsächlicher Aktualisierung *(entelecheia)*. Was es gibt, ist entweder potentiell oder aktuell. Quantitative Veränderung beispielsweise ist ihm zufolge die Verwirklichung einer möglichen Quantität eines quantitativ erfaßten Etwas. Jede Aktualisierung bewegt sich stets auf der entsprechenden Schiene.

Substantielle Veränderungen heben sich von anderen dadurch ab, daß sie nicht auf einer Skala ablaufen. Man kann beispielsweise mehr oder minder groß sein, näher oder ferner vom Zielort, aber es ist sinnlos zu sagen, eine Substanz sei im Anschluß an eine Veränderung mehr ›sie selbst‹ als zuvor. Die Verwirklichung der Möglichkeit einer Substanz besagt Werden oder Vergehen. Warum dies nicht anders sein kann, liegt bereits im logischen Begriff von Substanz als Subjekt beschlossen: Sie ist eben trivialerweise nicht prädizierbar (*Kategorien* 5,2a11). Wo offenkundig keine Substanz verändert wird, wie bei einem identischen Einzelwesen, kann lediglich Akzidentelles geschehen. Die moderne Psycho-Rede, jemand sei er selbst geworden, ist aristotelisch betrachtet nicht besser, als zu behaupten, Huck sei heute viel huckiger als gestern.

Speziell die in Aristoteles' Ansatz eingegangene Vorstellung von Möglichkeiten der Dinge selbst *(de re)* ist von Nominalisten verschiedener Provenienz entschieden abgelehnt worden. In unserem Jahrhundert ist Willard von Orman Quine (geb. 1908), dem Modalitäten einzig im Blick auf Aussagen *(de dicto)* zulässig erscheinen, als energischer Kritiker des von ihm so benannten ›metaphysischen Dschungels‹

bzw. damit verbundener Argumentationen hervorgetreten. Wie nützlich indes Aristoteles' Unterscheidung von substantiellen und nicht-substantiellen Veränderungen ist, läßt sich ersehen, wenn man die Aporien in Betracht zieht, in die man auf vermeintlich einfach zu begehenden Wegen geraten kann: Die moderne Logik hat – Aristoteles' Vorgabe ignorierend – eine Konzeption vorgeschlagen, die wegen ihrer Vorzugsrolle bei Russell, McTaggart u. a. m. für gewöhnlich als die der ›Cambridge-Veränderung‹ bezeichnet wird und deren Interpretation auf aristotelische ›Dschungelargumente‹ verzichtet. Als Kriterium fungiert dabei, ob irgendeine beliebige Aussage über ein Ding zwischen zwei Zeitpunkten ihren Wahrheitswert ändern müßte. Man sieht leicht, wie plausibel sich dieses Kriterium auf ein Satzpaar wie ›Huck kann nicht schwimmen‹ / ›Huck kann schwimmen‹ anwenden läßt. Das Ärgerliche an dieser vermeintlich verständigen Sichtweise liegt bloß darin, daß sie in Wirklichkeit einen Berg von Aussagen ausschließt und anerkennt, von denen dies der Ausgangsintuition nach unerwünscht ist. Nehmen wir beispielsweise an, ein paar Kinder liebten ihren von der bösen Tante geschenkten Wellensittich anfangs kaum und nach einiger Zeit umso mehr. Eine entsprechende Aussage über den Anfangszustand wäre für diesen wahr, für eine spätere Situation falsch gewesen, wiewohl der zunehmend geliebte Piepmatz der nämliche geblieben wäre. Mittlerweile gibt es auch unter den einschlägig tätigen Logikern verstärkt die Neigung, zwischen ›bloßen‹ Cambridge-Veränderungen (z. B. Ortswechseln), und ›wirklichem‹ Anderswerden zu unterscheiden – was nichts anderes ist als die Neuauflage der Vorschläge des Aristoteles. Naheliegenderweise wird damit außer dem Thema Substanz auch das damit zusammenhängende bedeutsam, welche Eigenschaften etwas denn nun haben oder verlieren muß, damit man weiß, wann es sich ›wirklich‹ verändert. Dieses Wissen ist gleichbedeutend mit der Antwort auf die Frage, *was* etwas ist.

Der unbestrittene Schlüsselbegriff der Problembehandlung derjenige der Substanz *(usia)*, hat gehörige Komplexität. Wir wollen ihn in einem zweifachen Sinn begreifen: einmal in dem eines Subjektes *(hypokeimenon)*, dem Träger einer aussagenmäßig zugeschriebenen Eigenschaft, des weiteren als *Wesen (to ti ēn einai)*.

Die Stellung von etwas als Subjekt liefert erste Anhaltspunkte darüber, was mit dem Wesen gemeint ist, verlangt aber nach breiter wirksamen Kriterien. Aus der Kategorienlehre haben wir als plausibel in Erinnerung, daß wir von Huck sagen können, er sei ein Mensch u. a. m., wohingegen das ›Hucksein‹ nicht zuschreibbar ist. Die Inanspruche der Stellung als logisches Subjekt hilft uns nur bei Individuen.

Ein auf Klassen von Individuen bezogenes Kriterium nennt Aristoteles in der *Metaphysik* (VII,1, 1028a22f.): Die Feststellung, daß Huck ein Forscher ist, läßt sich problemlos durch den Hinweis ergänzen, Forscher seien Menschen. Forscher wären nun dem angeführten logischen Merkmal nach zwar als Subjekte, den *Kategorien* nach im Sinne der zweiten Substanzen, anzusehen, aber das Forschersein läßt sich ebensogut prädizieren. Aristoteles beobachtet nun, daß das Forschersein einiges einschließt, nämlich das Menschsein wie auch das Vorhandensein von Einzeldingen bzw. Individuen. Was Aristoteles ontologisch erfaßt, bildet heute ein Standardthema der Semantik. Mit dem Vokabular Chomskys beschrieben, trifft Aristoteles Redundanzfeststellungen zur Erschließung semantischer Merkmale. ›Forscher‹ hat beispielsweise neben anderen die Merkmale ›belebt‹, ›menschlich‹, ›ausgedehnt‹, was nicht schlecht zu Aristoteles' Vorstellung über die Strukturen der Wirklichkeit paßt. Bezogen auf das Problem der Interpretation von Veränderungen wäre es nicht falsch zu sagen, daß die Veränderung z. B. das Belebtsein nicht tangiert, dieses also eine wesentliche Eigenschaft Forschungtreibender darstellt.

Eine andere Herangehensweise an das Problem des Wesens eröffnet sich aus einer Besinnung auf die Bedingung dafür, daß die Vorstellung, etwas verändere sich, überhaupt einen hinreichenden Anlaß hat: Dasjenige, wovon wir Veränderung konstatieren, muß in irgendeiner Weise nicht nur kategorial, sondern der Sache nach bestimmt sein. Die einschlägigen Angebote der älteren Ontologie prüfend, gelangt Aristoteles zur Feststellung, daß *Materie (hylē)* einen notwendigen Zusammenhang mit dieser Bestimmtheit habe, diese aber nicht ausmachen müsse. Wir können sie an sich weder sinnlich erfahren noch gedanklich erfassen (*Metaphysik* VI,10, 1036a8ff.). Was wir vor uns haben, ist Materie in irgendeiner Form *(eidos, morphē),* beispielsweise Holz als Stuhl oder ein Gitter als Anordnung von Stäben. Demnach wäre dasjenige, was einem diffusen Etwas erst Bestimmtheit verleiht, ebendiese *Form.* Wie unsere Erfahrung lehrt, sind Formbestimmungen auch im einfachsten Fall keine Sache des bloßen Anblicks. Das Gittermäßige oder das Stuhlsein geraten nicht als Ergebnisse eiliger Wahrnehmung in unser Bewußtsein, sondern leiten sich von Diversem ab: aus gattungsmäßigen Einstufungen, die eine bestimmte Struktur unterschiedlicher Dichte und Ausdehnung als Gitter und dem Aussehen nach verschiedenes Mobiliar als Stuhl interpretieren lassen.

Ist uns das Wesen einer Sache bekannt, können wir es *definieren,* also jene spezifische Bestimmtheit angeben, die es von anderen unterscheidet. Dabei läßt sich Eindeutigkeit gewinnen, wenn wir das zu Definierende nicht von irgendetwas abgrenzen, sondern von solchem, das sich nur in einem Punkt vom zu Definierenden unterscheidet: Gegenständen derselben Gattung (I,8, *Topik* 103b15). Eine andere Umsetzungsmöglichkeit wird durch die logischen Schlußverfahren vorbereitet. Von wesensmäßig Bestimmtem – z. B. aus dem, was wir über die spezifische Eigenart geometrischer Figuren wissen – läßt sich bekanntlich für anderes ein Beweis *(apodeixis)* führen. Das ist zwar jedem aus der Mathematik bekannt, erscheint aber deshalb noch nicht ohne weiteres als sinnvoll. Das Wissen über eine wesentliche Eigenschaft, etwa über die Winkelsumme des rechtwinkligen Dreiecks, könnte ja durchaus genügen. Wenn es sich allgemein in dieser oder jener

Weise verhält, warum dann in irgendeinem Einzelfall den Beweis führen? Das mag einer der Anlässe für Kommentatoren wie Hegel gewesen sein, allerlei Spott über Deduktionen aus Allsätzen zu vergießen. Aristoteles kalkuliert einen solchen Einwand ein: Man kann sich im Einzelfall irren, auch dann, wenn man über eine Sache im allgemeinen verläßliche oder gar unumstößliche Kenntnis hat (*Erste Analytiken* II, 2167a29f.). Das Anwendungsproblem erfordert es, sich um das Wesen der einzelnen wahrgenommenen Dinge zu kümmern. Besonderes muß als Fall allgemeiner Formbestimmtheit begriffen werden, damit eine Deduktion angemessen ist. Die Lehre vom Schluß steht als Beweislehre *(epistēmē apodeiktikē)* in doppelter Verbindung zur Deutung des Wesens als Form.

Wesensdefinitionen und überhaupt wesensmäßige Bestimmungen als Prämissen einer beweisenden Deduktion zu verwenden, ist in mehrerlei Hinsicht umstritten, wobei die Position des Aristoteles in bezug auf die Grundlegung der Mathematik bzw. die Beweistheorie am ehesten verteidigungsfähig erscheint. So hat man etwa darauf aufmerksam gemacht, daß die vermeintlich konkurrierenden Definitionen natürlicher Zahlen (Frege, Russell, von Neumann) isomorph sind, d.h. – mit Aristoteles gesprochen – dieselbe Form haben. Hingegen läßt sich in dem, was Riemann und Lebesgue unter einem Integral verstehen, keine gemeinsame Struktur erblicken. Andere Forschungszweige als die Mathematik sind offensichtlich noch weit weniger als Belege stabiler Ontologie zu begreifen. Aus der Sicht der modernen Relativisten, wie etwa des Wissenschaftshistorikers Thomas Kuhn (geb. 1922) und seiner Anhänger, reden Newtonianer und Einsteinianer von verschiedenen Welten. Überall dort, wo wir uns als Erben immer neuer erkenntnismäßiger Revolutionen erleben, erscheint die Berufung auf das Wesen einer Sache eher fernliegend.

Man könnte allerdings – in Betrachtung derselben Sachlage – auch genau gegenläufig argumentieren: Was angesichts umfassender begrifflicher Umwälzungen verblüffe, sei gerade die Kontinuität der alltäglichen Realitätserfahrung, die Verstehbarkeit alter und ferner Beschreibungen von Dingen mitsamt ihren Eigenschaften. Und in diesem eingeschränkten Sinne, der viel mit der Anpassungsleistung unserer Gattung im Laufe der Evolution zu tun haben mag, könnten Wesensbestimmungen Aussicht auf Geltung haben, wirken daran hängende Erklärungen bzw. dahin führende Abstraktionen solide. Übrigens zieht Aristoteles im Blick auf Wesensbestimmungen völlig unmißverständlich die Grenze zum Dogmatismus und zeigt frühe Einsicht in die Asymmetrie von Widerlegung und Bestätigung: Wesensdefinitionen sind leicht umzustoßen und schwer zu bestätigen, heißt es in der *Topik* (VII, 5155a17f.).

Immer noch zu einem Teil offen bleibt auch bei geglückter Bestimmung des Wesens einer Sache die Frage, *warum* sie eine bestimmte Form hat. Sie verlangt nach ergänzenden Informationen über Entstehung und Zweck, nicht zu vergessen die Materie, aus der dieses Etwas besteht, die nicht jegliche Bestimmtheit zuläßt. Die entsprechende systematische Ausarbeitung der Verknüpfung der Frage nach dem Was mit der nach dem Warum findet sich in der *Ursachenlehre.* Anders als man vielleicht vermuten könnte, handelt es sich dabei keineswegs um eine verstaubte Angelegenheit, die durch den wissenschaftlichen Fortschritt obsolet geworden wäre. Im Gegenteil: Aristoteles hat den Bereich des Warum in solcher Breite erfaßt, daß sich die wissenschaftsgeschichtlichen Umwälzungen bemerkenswerterweise am besten *im* Rahmen aristotelischer Vorstellungen verstehen lassen. Die Wissenschaftsgeschichte läßt sich zu einem ansehnlichen Teil danach charakterisieren, welche Akzentuierung der aristotelische Ursachenbegriff in einzelnen Epochen erhalten hat. Hinzu kommt Aristoteles' Kommentierungsleistung in bezug auf Konstanten der Kausalvorstellung, die in allen späteren historischen Wendungen präsent geblieben sind.

Aristoteles unterscheidet (*Physik* II,3, 194b29ff.) vier Hinsichten, in denen von Ursache *(aitia)* die Rede sein könne, wobei er als Beispiele Produkte, etwa eine Bronzestatue oder Silberschale, heranzieht. Das hat dem Mißverständnis Vorschub geleistet, Aristoteles identifiziere die Wirklichkeit mit einer Künstlerwerkstatt. Die Beispielwahl ist aber wohl anders motiviert. Einer ihrer denkbaren Gründe ist der didaktische: Aus Aristoteles' Sicht sind, wie im letzten Kapitel noch zu bedenken sein wird, produktive Zusammenhänge methodisch und erkenntnismäßig leichter zu handhaben als solche des Forschens. Ein dazu passender Punkt mag der sein, daß die Ursachen im Naturbereich sich zuweilen überlappen.

Zwei der vier Möglichkeiten, sinnvoll auf Warum-Fragen zu antworten, sind uns aus der Erörterung der Substanzvorstellung schon bekannt: mit Angaben zu *Stoff* und *Form.*

Etwas ist, wie es ist, weil es aus bestimmtem Material besteht. Dieses ist seine *materiale* Ursache. Der Hinweis etwa auf die Bronze reichert die Bestimmungsmöglichkeiten in bezug auf die daraus gefertigte Statue in unerhörter Weise an. Er verschafft Informationen über Gewicht, Härte, chemische Eigenschaften usw. Vorstellungen über die stoffliche Eigenart eines Gegenstandes sind unabdingbar, um überhaupt näheren Aufschluß über etwas zu gewinnen. Mit Fragen nach dem Material hat sich wissenschaftsgeschichtlich eine bestimmte fortdauernde Dynamik entfaltet. Die Verschiedenheit der Stoffe, aus denen die Dinge prima vista bestehen, ergibt sich nach Aristoteles aus der Verbindung der vier von Empedokles entlehnten Elemente Wasser – Erde – Luft – Feuer (für die Himmelskörper setzte er noch den Äther hinzu), die er mit sinnlichen Eindrücken, speziell des Tastsinnes verband: kalt und feucht – kalt und trocken – warm und feucht – warm und trocken. Die Bronze beispielsweise gehört zur Erde, ist aber dem Wasser näher als etwa ein Stein.

Solche Setzungen ermöglichten in einem vormodernen Sinne chemische Forschung, dienten als Erklärungsgrundlage und Projektvorlage vielfältiger stofflicher Veränderungen, wie sie etwa die frühen Phasen der Chemie bestimmen. Die

Entwicklung anderer Auffassungen über das Material, aus dem die Welt besteht, ist bis heute nicht abgeschlossen, bleibt aber der Tendenz der mit Aristoteles kulminierenden griechischen Materiedeutung treu, nämlich der, die Mannigfaltigkeit der Stoffe auf möglichst wenige Grundmaterialien zu reduzieren.

Daß die *Form*bestimmtheit für Aristoteles einen Sonderrang einnimmt, insofern sie ein Kriterium des Substanzseins darstellt, braucht nicht mehr eigens herausgestellt werden. Auch an wissenschaftshistorischen Kardinalfällen für den Forschungsnutzen der damit verbundenen Sichtweise mangelt es nicht. Man denke an die (in ihren ontologischen Verpflichtungen umstrittene, da möglicherweise als bloßes Rechenmodell konzipierte) Himmelsmechanik Ptolemaios', an diejenige Keplers (dessen Intentionen eindeutig auf das Wesen der Planetenverhältnisse abzielten) oder an die jüngeren Parallelen, etwa in den Maxwellschen Gleichungen für das Elektromagnetische Feld. Eine forschungspraktische Vorzugsstellung der Form ergibt sich für Aristoteles deshalb, weil er speziell im Bereich der Lebewesen die beiden weiteren Ursachearten auf die der Form reduziert. Möglicherweise hat er eine Konzeption nur ausschnittsweise genutzt, die in der heutigen Ontologie und Methodologie der Wissenschaft immer mehr Zustimmung erfährt, nämlich eine bestimmte Struktur – beschreibbar etwa in einer Gleichung der mathematischen Physik – als angemessene Antwort auf Warum-Fragen der verschiedensten Art zu begreifen.

Was unabhängig von der Möglichkeit historischer Exemplifikationen und sachlicher Weiterentwicklungen der Unterscheidung von formaler und materialer Ursache in der Moderne als Problem erscheinen muß, resultiert aus der Infragestellung der intuitiven Voraussetzungen der Form/Materie-Dichotomie im Zuge der Neuorientierung der Physik des zwanzigsten Jahrhunderts. Wenn der Psychologe Jean Piaget recht hat, dann entscheiden wir uns im Alter zwischen 7 und 12 Jahren in spezifischen Situationen mit nachhaltiger Wirkung dafür, hinter wechselnden Formen derselben Materie etwas Invariantes (beispielsweise die Invarianz des Gewichts) zu denken, etwa zu unterstellen, daß ein in die Länge gezogenes Knetgummi-Stück noch dasselbe wie vorher ist. Von den darauf aufbauend gewonnenen Überzeugungen gilt aber jene von der der minimalen Invarianz eines Trägers von Eigenschaften in der Relativitätstheorie nicht mehr, und diejenige von der Permanenz von Objekten wird in der Quantenmechanik verlassen.

Der dritte Aspekt, den Aristoteles unter den Begriff der Ursache faßt, ist der des *Bewirkens.* Dieser Gesichtspunkt entspricht weithin auch den Intuitionen der Theoretiker (Carl G. Hempel, Paul Oppenheim u. a.) des naturwissenschaftlichen Erklärens, was damit zusammenhängt, daß die der Moderne lange beispielhafte Art von Naturwissenschaft, die Newtonsche Mechanik, damit am besten harmoniert. Die Idee einer Wirkursache eignet sich in besonderer Weise zur Rahmung experimenteller Forschung, sie verknüpft spezifische Anlässe mit entsprechenden Effekten. Die nicht-experimentelle aristotelische Forschung hingegen verbindet mit isolierbaren Wirkursachen eher Marginales – ist sie doch wenig darauf eingestellt, statt der Gesamtheit einer Sachlage lediglich einen womöglich geringfügigen Auslösefaktor zu erörtern.

Bezeichnenderweise am nächsten steht die Beschreibung von Wirkursachen – auch abseits des Experimentes – dem, was wir anzugeben pflegen, wenn wir einem verblüffenden Effekt einen Grund zuzuschreiben versuchen: Bei einer Sonnenfinsternis ist die Sonne ganz oder partiell verdeckt, weil sich der Mond zwischen sie und die Erde geschoben hat usw. Einige der großen neuzeitlichen Theoretiker der Methode, darunter der jüngere Herschel (1792–1871) und John Stuart Mill (1806–1873) haben – überzeugt von der forschungspraktischen Bedeutung bewirkender Ursachen – Kanones von Regeln aufgestellt, die dabei helfen sollen, ein auslösendes Moment nachzuweisen. Demgemäß liefe die planvolle Umsetzung aristotelischer Ontologie in eine Methodologie der Forschung darauf hinaus, Wirkursachen ausfindig zu machen, indem ein Teil der Umstände eines Vorganges bzw. einer Sache identifiziert und planvoll ignoriert sowie Gemeinsamkeiten bei Gleichverlaufendem bzw. -bleibendem stabilisiert würden. Der nach einer systematischen Variation des Tatbestandes letztlich verbleibende Begleitumstand wäre dann als bewirkende Ursache ausgezeichnet.

Selbstverständlichen Gebrauch von der Vorstellung bewirkender Ursachen macht Aristoteles übrigens auch abseits von Herstellungs- und Naturvorgängen und bezieht sich dabei auf die politische Geschichte. Warum ist Athen in einen Krieg mit den Persern geraten? Wegen des Angriffes auf die Stadt Sardis (*Teile der Tiere* 90a15 ff.). Die Schwierigkeiten, in die er dabei geraten könnte, verweisen weniger auf ein Defizit bei den grundsätzlichen Prinzipien. (Einschlägige Lösungsvorschläge wird man ohne weiteres in der Praktischen Philosophie finden können.) Das Problem – parallel zum Problem des Beweises – ist vielmehr, ob allgemeine Vorstellungen über die Menschen in einem bestimmten Fall zur Anwendung kommen oder nicht.

Den vierten und letzten Typus bilden die *finalen* Ursachen, das sind solche, die von einem Zweck bzw. einem Ziel *(telos)* ausgemacht werden. Die Bronzestatue sieht so und nicht anders aus, weil sie einen Raum schmücken soll, die Silberschale, damit man etwas hineinlegen kann. Warum hat ein Vogel im Gegensatz zu Kain Flügel? Damit er fliegen kann, was nach Aristoteles zu den Wesensmerkmalen dieser Lebewesen gehört. Die finale Ursache fällt hier – im Unterschied zum Artefakt – mit der *Form* zusammen. Den Einzeldingen der Natur wird gattungsmäßig die Tendenz der Verwirklichung *(entelecheia)* bestimmter Dispositionen zugeschrieben, so daß die Zweckursache den Endpunkt der Veränderung von einem möglichen in den diese Möglichkeit realisierenden Zustand darstellt.

Die Wirkungsgeschichte zweckbezogener Naturbetrachtung ist besonders reichhaltig. Die heilsgeschichtlich orientierte Naturkunde des Mittelalters läßt den Wildesel am 20. März jeden Jahres tags und nachts je zwölfmal schreien, damit der Mensch erkenne, daß Tag und Nacht gleich lang seien, was wiederum an die gleichmäßige Präsenz des Teufels zur Tages- und Nachtzeit gemahne (so im *Älteren Physiologus*). Nahe liegen auch die Hinweise auf Goethes und Humboldts Naturteleologie, nicht zu vergessen jene Belehrung über finale Ursächlichkeit, die wir alle im Kindesalter erhalten haben, als der Wolf die Schärfe seiner Zähne durch sein »Damit ich Dich besser fressen kann« erklärte. Der Eindruck, Aristoteles selbst habe sich von derartigen Redeweisen leiten lassen, konnte deshalb entstehen, weil er nicht durchgehend auf komplexe, gattungsmäßige Naturtendenzen reflektiert und die Eigenart des Lichtes beispielsweise damit in Verbindung bringt, daß es den Menschen vor Beulen bewahre (*Zweite Analytiken* II,11, 94b29f.). Bei genauerem Hinsehen entpuppt sich die teleologische Erläuterung nicht als ein – etwas verstiegener – Kommentar darüber, wie sich die Dinge, sondern wie sich die Menschen natürlicherweise verhalten (etwa indem sie sich mit einer Laterne heimleuchten).

Das Problem für den modernen Betrachter liegt an ganz anderer Stelle: Aristoteles ordnet dem, was die Wirklichkeit ausmacht oder was in ihr vorgeht, jeweils ein Woraufhin zu, wodurch er von vorneherein eine stärkere Stellung zu beziehen scheint, als sie die theologisch inspirierten Anwälte von durch einheitliche Vorsehung wirkenden Mächte einnehmen. Die Debatte über den Zweck von Erdbeben, Stechmücken usw., wie sie sich durch die Theodizee-Beiträge des 18. Jahrhunderts zog, ist aristotelisch betrachtet haltlos. Um entsprechende Unterschiede zu markieren, ist vorgeschlagen worden, statt von ›Teleologie‹ von ›Teleonomie‹ sprechen. Daß der Vorschlag aus der Biologie stammt (Monod), ist kein Zufall, sondern deutet die Rücknahme des Anspruches an. Mit Ausnahme der biologischen sind die heute geltenden naturwissenschaftlichen Weltbeschreibungen freilich weder teleologisch noch teleonomisch; sie werden von dieser Sprachregelung gar nicht betroffen. Was hingegen den Bereich der Lebewesen angeht, so ist die Epoche der Verbannung der Idee finaler Verursachung längst vorüber. Es spricht kaum mehr etwas gegen eine evolutionistisch gedeutete Teleologie. Für Sommerhof, Young und andere führende Theoretiker der Biologie macht es gerade die entscheidende Besonderheit lebendiger Systeme aus, daß sie zielgerichtet sind. Das Ziel sei der Fortbestand der Gattung bzw. der Gene, und angestrebt werde dies durch eine gerichtete Korrelation zwischen Handlung und Umgebungsveränderung. Dawkins provozierende These vom ›selbstsüchtigen Gen‹ (1976) – das sich unseres Körpers als einer Art Werkzeug bedienen soll – gilt als überzogen, bezeichnet aber keinen grundsätzlich abseitigen Weg. Die Möglichkeit, Information zu speichern und zu lernen – sich ›anzupassen‹, wie es in der älteren Rede der Darwinianer heißt –, steht im Wechselverhältnis mit der Zweckmäßigkeit (vielleicht: Zweckgerichtetheit) des Lebendigen.

2.6 Einzelwissenschaften

Mit der Ausarbeitung einer Ontologie mit bestimmten Setzungen dessen, was es geben soll, als was dies existiere und warum es sich so verhalte, rahmt die *Erste Philosophie* die Erforschung einzelner Sprachgebiete. Aristoteles hat für eine Reihe von Themen die Behandlungsrichtung angegeben, und die in hellenistischer Zeit entstandenen Fachdisziplinen orientieren sich in beträchtlichem Maße an Inhalten der Lehren des Aristoteles, entwickeln ihre disziplinären Abgrenzungen im Einklang mit seinen gedanklichen Vorgaben und stehen überdies zu einem beträchtlichen, dem alexandrinischen Teil, noch in der lebendigen Tradition seiner Schule.

Während die *Erste Philosophie* ihre Prinzipien dialektisch

gewinnt, erhalten in den nachgeordneten Forschungen empirische Vorgehensweisen größeres Gewicht. Bezeichnenderweise verdankt Aristoteles' unmittelbarer Nachfolger als Leiter des Peripatos, Theophrast (um 371–287), sein Ansehen in erster Linie der Tätigkeit als Erfahrungswissenschaftler auf dem Feld der Botanik, und seine dialektischen Beiträge sind weitgehend in Vergessenheit geraten.

Am deutlichsten wird der Rang empirischen Vorgehens im Bereich der *Biologie* und *Physiologie*. Wir waren an früherer Stelle dem sammelnden und einteilenden Aristoteles begegnet und wollen dieses Bild mit einigen Bemerkungen über Konkretisierungen der Frage- und Ursachentypisierung verbinden. Ob- und Was-Feststellungen empirischer Art enthält die *Tierkunde,* wo Aristoteles sich unter anderem um eine vergleichende Erfassung körperlicher Organe bemüht. Teleologische Erklärungen von Körperteilen nehmen in der Schrift *Über die Teile der Tiere* breiten Raum ein. Die Kongruenz von wirk- und formursächlicher Betrachtung auf dem Feld des Lebendigen illustriert die in der *Entstehung der Lebewesen* dargelegte Fortpflanzungslehre.

Im Jahrhundert der Frauenbewegung soll nicht verschwiegen werden, daß Aristoteles Frauen als Ergebnis einer Störung der Verwirklichung der mit dem Samen des Mannes gegebenen Entwicklungsmöglichkeit betrachtete. Die Entelechie sähe vor, daß ein Mann sich identisch reproduziert – so wie es bei den – für Aristoteles geschlechtlich ungesonderten – Pflanzen der Fall sein soll. Dies ist der biologische Hintergrund der berühmten Redensart vom Menschen, der einen Menschen zeuge (*Metaphysik* VII,9, 1033b37). Bei dem Versuch, die Menschensorte Frau zu erklären, bleibt Aristoteles nichts anderes übrig, als zu behaupten, durch Kälteeinwirkung oder andere negative Umstände werde der eigentliche Gang der Dinge beeinträchtigt. Man mag sich natürlich fragen, inwieweit der Gang biologischer Wissenschaft in diesem Fall den Weg männlicher Überheblichkeit oder Bosheit reflektiert: Bekanntlich läßt der griechische Mythos die Frauen der Büchse der Pandora entweichen. Vier Jahrhunderte nach Aristoteles erlaubt sich der geistreiche Witzbold Lukian von Samosata, das Männeridol Zeus die Freisetzung der Frauen bitter beklagen zu lassen – bezeichnenderweise just in dem Moment, als er zu der schönen Thetis schleichen will (*Göttergespräche* I). Ein weiteres Jahrhundert später wird der Spott gröber: Im *Alexanderroman* setzt Phyllis Frauenlist gegen Männertorheit und bringt Aristoteles dazu, sich von ihr als Reitesel benutzen zu lassen.

Die *Physik* in der engeren Fassung einer Fachwissenschaft (einige hauptsächliche Inhalte der gleichnamigen Schrift sind oben unter dem Stichwort ›Ontologie‹ erwähnt) befaßt sich vorrangig mit Ortsveränderungen, und zwar auf der Grundlage der in *Über den Himmel* geäußerten Überlegung, daß sowohl Ausdehnung als auch qualitative Veränderung, wie etwa das Erkalten, auf veränderten Verteilungen im Raum beruhen. Dieser ist gefüllt – es gibt kein Vakuum. Denn dort könnte man keinen Ort fixieren und es gäbe keine Bewegung, da sich nichts auf anderes auswirken könnte. Je nach Art seiner Materie ist jedem Körper eine bestimmte Bewegungsrichtung eigen, die davon bestimmt wird, ob es sich um einen stofflich einfachen oder komplexen handelt. (*Über den Himmel* 268b26 ff.) Einfach nennt Aristoteles jenes, das aus einem der vier Elemente (Feuer, Luft, Wasser, Erde) besteht, komplex das in dieser Hinsicht Gemischte. Zum Wesen eines ganz oder überwiegend erdhaften wie auch eines ganz oder überwiegend wässrigen Dinges gehört es, sich nach unten hin zu verändern, zu fallen. Luftiges und Feuriges hingegen bewegen sich nach oben.

Der durch komplexe Gegenstände und deren nicht ohne weiteres kalkulierbare Bewegungsrichtung belegte Übergang zwischen den vier Grundstoffen wird von Aristoteles empirisch mit Hilfe von konträren Möglichkeiten der Sinnesempfindung gedeutet (*Über Entstehen und Vergehen* II,2–5). Aus Feuer werde Luft, wenn das Trockene das Übergewicht über das Feuchte gewinne, aus Luft Wasser, wenn sich das Kalte durchsetze usw. Die Annahme, daß Veränderung zum Wesen der Dinge gehöre (*Physik* II, 1192b13 ff.), ergänzt durch die Behauptung, daß die vier Grundstoffe wiederum als Formen eines einzigen Urstoffes (*Über Entstehen und Vergehen* II,1) anzusehen seien, hat bekanntlich die vormoderne *Chemie* in die wissenschaftshistorisch gesehen äußerst fruchtbare Unruhe der Goldmacherei versetzt.

Fast in wissenschaftsgeschichtlicher Umkehrung stellt sich die *Kosmologie* dar, die im Unterschied zur Transmutationslehre lange kanonischen Rang beanspruchen konnte, aber es umso schwerer hat, heute eine gerechte Beurteilung zu finden. Aristoteles nimmt die Beobachtung auf, daß die Himmelskörper nicht in gerader Richtung einen bestimmten Ort anstreben, sondern ganz andere Bewegungen ausführen, die man für kreisförmig erachtete. Er hielt deshalb dafür, daß seine prinzipiellen Feststellungen sich lediglich auf erreichbare Verhältnisse bezögen und die himmlischen Umstände von einer anderen Materie getragen seien (*Über den Himmel* 269a30 ff.). Die hier getroffene Unterscheidung erklärt zum Teil das spätere Desinteresse der Aristoteliker am Ansatz Galileis, die gewöhnliche Mechanik auf Planetenbewegungen anzuwenden. Das Himmelsmodell des Aristoteles sah so aus, daß sich über einer nur oberflächlich bewegten Erdkugel Hohlkugeln befinden sollten, von denen die innerste den Mond und die äußerste die Fixsterne trügen. Ein Dahinter gibt es nicht. Das Universum ist ›geschlossen‹ (Koyré). Zu den Erklärungsleistungen dieser Vorstellung gehört, daß die Unabgeschlossenheit irdischer Bewegungen begründet wird: Da die innerste Schale auf die Erde einwirkt, können die irdischen Gegenstände nicht zu Ruhe, zu ihrer letzten Bestimmung gelangen. Die Wirkursache der ganzen Bewegtheit wird in die vom Menschen entfernteste Sphäre verlegt und die letztlich alles bewegende Instanz als göttlich angesehen, so daß die Kosmologie in eine *Theologie* übergeht.

In gewisser Weise als irdisches Gegenstück zum in größter Distanz zum Menschen befindlichen letzten Beweger läßt sich die *Seele (psychē)* auffassen. Die Seele steuert die Veränderungen der Lebewesen, wobei sie sich in gattungsspezifischer Weise des Wollens und Denkens bedient (*Über die Seele* I,3, 406b25ff.). Aristoteles' Überlegungen zum Thema sind nicht ohne weiteres ›psychologisch‹ nach heutigem Verständnis und haben in der Neuzeit vielleicht am ehesten ein Pendant in der einerseits empirisch orientierten, andererseits jedem Reduktionismus fernen Psychophysik Gustav Theodor Fechners (1801–1871). Aristoteles bemüht sich im Blick auf Pflanzen, Tiere und Menschen um Identifikation dessen, was aus einem bloßem Körper ein Lebewesen macht. Der dabei beschrittene Hauptweg ist der einer Kennzeichnung der Seele als Realisierung des Zweckes eines Körpers, wobei auch Pflanze und Tiere als ihrer Eigenart entsprechend beseelt gelten. Die mittels der Zweckvorstellung geschlagene Verbindung von Körper und Seele ermöglicht für eine Reihe psychophysischer Phänomene (z. b. Appetit usw.) sehr plausible Interpretationen, wohingegen die ganze gedankliche Seite der Seelentätigkeit unerläutert bleibt. Nichtsdestoweniger ist der Ansatz im historischen Vergleich eindrucksvoll. Aristoteles vermeidet es, die Seele als Objekt ›oberhalb‹ des Körpers zu lokalisieren, und verfällt genausowenig darauf, sie, wie später Descartes, als Körperteil orten zu wollen. Wer statt von ›Seele‹ von ›gerichteter Selbstorganisation‹ o. ä. in der oben im Zusammenhang mit der Teleologie erörterten Bedeutung spräche, würde in einer naturwissenschaftlichen Debatte unserer Tage mit aristotelischem Gedankengut unter Umständen kaum auffallen.

Die angeführten Auffassungen des Aristoteles sind nur einige der berühmtesten einzelwissenschaftlichen Ansätze. Daneben gibt es vieles, etwa die *Mineralogie, Meteorologie* (d. i. die Lehre der Erscheinungen zwischen der Erde und der nächststehenden Sphäre), welches über ganze Epochen die Arbeit bedeutender Forscher bestimmt hat, auch wenn es heute kaum noch besondere Aufmerksamkeit zu binden vermag. Daß wir uns für gewöhnlich um derlei noch weniger scheren als um die bekannteren Konzeptionen des Aristoteles, selbst wenn es in direkter Nachbarschaft zu aktuellen wissenschaftlichen Interessen liegt, muß nicht unbedingt bekümmern. Weder die aristotelische Dialektik noch Aristoteles' Methode empirischer Forschung ermuntern uns in dieser Richtung. Sie sind pietätlos wie die moderne Wissenschaft. Verhielte es sich anders, wäre die ›theoretische‹ Seite des Lebens eine antiquarische Angelegenheit.

3. Handeln

Nun denn, sag' ich,
wozu besser werden, wenn
man damit nur Mühe hat . . .

Huckleberry Finn

3.1 Glück und Tätigsein

Die Antwort, die Aristoteles' einschlägige Schriften, allen vorangestellt die *Nikomachische Ethik,* auf Hucks Frage geben, ist einfach und dennoch alles andere als unmittelbar einleuchtend: Man soll sich bemühen, besser zu werden, und zwar, damit man *glücklich* wird. Hucks Problem, ob er sich gegenüber dem entlaufenen Sklaven Jim richtig verhält, gehört demnach in den Zusammenhang einer Glücksuche. Daß uns diese Sicht alles andere als selbstverständlich ist, gehört zu den Verlusten oder Errungenschaften der Moderne. Früheren Jahrhunderten erschien die Verbindung von Glück und Mühe weitaus plausibler. Die *Nikomachische Ethik* galt weithin als das Goldene Buch des rechten Lebens.

Was wir uns üblicherweise unter Glück vorstellen, illustrieren Passagen in der Umgebung von Hucks Anfrage: Das Boot treibt den Mississippi hinunter, leises Geräusch des Wassers, ein Dampfer macht sich in der Ferne bemerkbar, zuweilen ein Schwatz mit dem gütigen Jim. Wir alle kennen jenes Wohlgefühl in bestimmten Situationen, das man nicht anstreben kann: Es stellt sich ein, oder es bleibt aus. Daneben gibt es noch das spontane und knapper bemessene Glücksgefühl – wie es vielleicht am stärksten ist, wenn wir einer ärgerlichen Sache entgehen. Der Hitzefrei-Jubel der Schulkinder ist ein gutes Beispiel.

Aristoteles' Vorstellung vom Glück *(eudaimōnia)* ist, wenn man so will, anspruchsvoller, sie orientiert sich statt an der Freude des Augenblicks am Gelingen des Lebens als Ganzes. Das Glück eröffnet sich stückweise, über die richtigen einzelnen Handlungen im Lebensverlauf, es erwächst aus unserem Tätigsein als dessen vollendetem Vollzug (*Nikomachische Ethik* I,5, 1098a16).

Stellen wir die Frage vorerst zurück, was mit Gelingen bzw. Vollendung gesagt sein soll, und betrachten wir zunächst die Bausteine geglückter Lebensführung, die einzelnen Aktionen: Die bestimmende Argumentationsfigur zur Erläuterung einzelner Handlungen ist der sogenannte *Praktische Schluß,* der das Handeln der Menschen mit den Zielen, die sie verfolgen, sowie den Mitteln verbindet, welche sie zur Erreichung ihrer Ziele einsetzen. Eine für uns hinreichende Fassung, welche den modernen Vorschlägen von Wrights u. a. als historischer Bezug dient, läßt sich den Beispielformulierungen der *Nikomachischen Ethik* (III,3, 1112b12ff.) entlehnen: Eine Person A will/soll/muß C erreichen – B ist das Mittel, um an C zu kommen – ergo greift A zu B. Nehmen wir beispielsweise an, der eben noch wunschlos glückliche Huck benutzte das Paddel, um die Fahrt zu beschleunigen und die nächste Schlafmöglichkeit noch vor dem Eintritt der Dunkelheit erreichen bzw. erkunden zu können. Hätten wir Gelegenheit gehabt, mit ihm zu sprechen, so wäre es möglich gewesen, ihn zu fragen, warum er dieses Ziel anstrebe. Eine sinnvolle Antwort hätte etwa in folgenden Hinweisen bestehen können: »... damit wir ein trockenes Dach über dem Kopf bekommen«, »... um Gefahren besser entgehen zu können« o. ä. m.

Aristoteles faßt die sich in solchen Antworten niederschlagende Fähigkeit, im Einklang mit argumentativen Rechtfertigungen zu handeln, als Kompetenz auf, die sich aus einer spezifischen Einsicht *(phronēsis)* in die Motive wie auch die

Realisierungsmittel von Handlungen ergibt (*Nikomachische Ethik* VI,5, 1140a25ff.). Sinnvoll unterschieden wird in diesem Zusammenhang zwischen dem notwendig Anzustrebenden und dem bloß Wünschenswerten, eine Differenz, die für Leute mit häufig knurrenden Mägen wie Huck und Jim selbstverständlich gewesen sein muß. Gesellschaften, in denen das Fernsehen vermeintliche Unterhaltungs›bedürfnisse‹ befriedigt, ›Necessaires‹ hauptsächlich Überflüssiges enthalten, und der Mann angeblich drei Dinge braucht, mögen in dieser Hinsicht allerlei Bedenken anmelden.

Jede einzelne Handlung ließe sich nach dem skizzierten Modell als Mittel zu einem Zweck (der Erfüllung von Bedürfnissen und Wünschen) auffassen, der wiederum Mittel zu einem höherstufigen Zweck wäre, wie auch in der anderen Richtung jedwedes Mittel als Zweck anderer Mittel interpretiert werden könnte, beispielsweise die Armbewegung als Mittel des Paddelns. Man sieht leicht, daß nicht nur Huck in solchen Fällen in einen unendlichen Regreß verwickelt würde, der sehr viel eher allgemeine Apathie als engagiertes Handeln anzubahnen geeignet wäre. Überdies fügt sich die Aporie gut in jenes Bild ein, das wir menschlichem Handeln ohnehin zu unterstellen bereit sind: großenteils wirre Abläufe, die zwar Akzente haben und ausschnittsweise strukturiert sind, aber keinen gemeinsamen Handlungsplan zuzulassen scheinen.

Für den Umgang mit dem scheinbaren Chaos ist es auf der Linie Aristoteles' zunächst einmal wichtig zu sehen, daß wir in jedweder bestimmten Situation einen Zweck nur eben als Zweck und ein Mittel als Mittel ansehen. Unser Handeln wird durch entsprechende argumentative Vereinfachungen ermöglicht. Huck bewegt das Paddel, um schneller voranzukommen. Was danach oder davor kommt, gehört in die vorausgegangene oder die darauffolgende Situation. Der Praktische Syllogismus, der auf den ersten Blick in zwei Richtungen nur einen Regreß ohne Ende zu offerieren scheint, verweist bei genauerer Betrachtung auf die Sukzession der Lebenssituationen. Und die Begründung spezifischen Tuns ergibt sich erst aus der Abfolge der das Leben bestimmenden Handlungen.

Der so hergestellte Zusammenhang zwischen Leben und Handeln ist nicht allein argumentativ erzwungen, sondern entspricht der Aristoteles allgemein leitenden Intuition. Das ihm vorschwebende Ideal ist das des tätigen Lebens. Wer nur döst, vegetiert, passiv bleibt, verschwendet seine Zeit mit Wertlosem. Erwachsenes Leben ist eine Sache zweckvollen Handelns. Und dieses soll sich letztendlich zur Realisierung eines Lebensplanes fügen. Wo die Kette von durch Zweck und Mittel bestimmten Tätigkeiten unterbrochen wird, werden unsere Aktivitäten läppisch, bedeuten vertane Lebenszeit. Der Body-Builder, der seine Kraft zu nichts weiterem benötigt, war Aristoteles dem Typus nach durchaus bereits bekannt, wie anschaulich wird, wenn er sich in der *Nikomachischen Ethik* über jene besonders athletisch aussehenden Olympiakämpfer mokiert, die beim Kampf um den Sieg am Ende zurückbleiben (I,9, 1099a1 ff.).

Nun hat es – angefangen mit der altattischen Komödie, über das Volksbuch vom Schlaraffenland bis hin zu Bertrand Russells berühmtem Aufsatzlob der Faulheit – immer wieder Gegenentwürfe zu der bei Aristoteles favorisierten Betriebsamkeit gegeben. Sind die Lebensorientierungen der Menschen womöglich doch ganz anders, als ein allerorts umtriebiger Mensch seines Zuschnittes es sich vorstellen wollte? Immerhin räumt er an einer Stelle derselben Schrift ein, es gebe auch vulgäre Menschen, die das Glück mit Vergnügen verwechseln und dementsprechend ein Leben der Zerstreuung guthießen (*Nikomachische Ethik* I,3, 1095b16 f.). Und allgemein kann ihm ein Genießen frohen Herzens legitim nur denkbar sein, wenn es zu etwas dient (beispielsweise zur Erholung von den Plagen der Praxis), aber nicht den Lebensinhalt ausmacht.

Sehen wir uns den Genießenden in vollendeter Form, einen Bewohner des Schlaraffenlandes, einmal genauer an. Anders als Huckleberry Finn braucht er für eine Reihe unbestreitbar nötiger Dinge keinerlei Vorkehrungen zu treffen, denn ihm pflegen bereits gebratene Leckerbissen direkt in den Mund zu fliegen. Immerhin werden auch von ihm minimale, auf den Zweck der Ernährung gerichtete Handlungen verlangt. Schließlich muß er wenigstens noch den Mund öffnen. Auch für den bestens bedienten Faulpelz gibt es eine – wenn wohl auch den G'schaftlhubern aller Zeiten nicht imponierende – Kette von angestrebten Zwecken und dabei ergriffenen Mitteln. Allerdings werden auch eingeschworene Freunde der Faulheit zubilligen müssen, daß Schlaraffia für sie nicht alles böte. Mancher faule Bursche braucht wenigstens mitfaulenzende Freunde, zu denen er sich gesellen könnte, mancher andere Bücher, die er lesen wollte. Der nächste bedarf der beruhigenden Gewißheit, seine Gesundheit noch lange erhalten zu können, und wird sich deshalb zumindest zu einem Verdauungsspaziergang oder zum Besuch des örtlichen Jungbrunnens aufraffen. Es gibt viel zu tun, wenn man faul sein will, und schlaraffisches Leben ist vom gewöhnlichen gar nicht so sehr verschieden, wie man annehmen könnte. Nicht davon zu reden, daß man, um überhaupt ins Schlaraffenland zu gelangen, Mittel und Wege im Sinne des aristotelischen Schemas finden muß. Bekanntlich liegt es drei Meilen hinter Weihnachten, und um hinein zu gelangen, muß man sich durch einen Wall aus Hirsebrei hindurchessen.

Wenngleich sich das Leben der Schlaraffen innerhalb der Reichweite praktischen Schließens abspielt, so lohnt es sich doch, noch einmal auf Aristoteles' gänzlich abweichende eigene Vorstellung von einem guten Leben zurückzukommen. Anders als es im Land des ausschließlich oralen Genusses füglich wäre, denkt sich Aristoteles den Menschen als ein Wesen, zu dessen Bedürfnissen bestimmte Anstrengungen gehören. Eine aktuelle Bestätigung dieser Auffassung liefert übrigens die moderne Verhaltensbiologie, deren Resultate sämtlich dahin weisen, daß der Schlaraffenland-Traum der Lust ohne Anstrengung an den Bedürfnissen des stammesgeschichtlich auf die Bewältigung schwieriger Aufgaben zugeschnittenen Gattungswesens Mensch vorbeigeht.

Es ist nicht unwichtig anzumerken, daß in derlei Einsichten keine Parteinahme für das gesellschaftliche Windhundrennen um Posten, Geld oder Einfluß steckt. Worum es geht, ist etwas anderes: Der Weg zum Glück ist nicht der des geringsten Widerstandes, der bloßen Ansprüche, des ungezügelten Gebrauchs und Verbrauchs von allem, was die Welt derzeit noch anbietet. Viele der oft gescholtenen ›Verweigerer‹ haben dies besser verstanden als mancher Apostel einer vorgeblichen Leistungsgesellschaft, in der Gasgeben und Couponschneiderei unter die bewunderungswürdigen Taten gerechnet werden.

3.2 Tüchtigkeit

Die aus der Sicht des Aristoteles wichtigsten Anstrengungen hängen damit zusammen, daß wir (wie es der erste Satz der *Metaphysik* angibt) etwas *wissen* wollen: sei es, wie die Dinge sind; sei es, welche Ziele man anstrebt; sei es, welches die passenden Mittel zur Erreichung dieser Ziele sind. Auf dem Feld der Praxis weist sich die Unverzichtbarkeit der Wissenssuche dadurch aus, daß sich uns nur durch sie – und hier verschränken sich theoretische und praktische Einsichten – die Art und Realisierungsmöglichkeiten unserer Bedürfnisse und Wünsche zu eröffnen vermögen. Sie bestimmen sich danach, wie die Wirklichkeit beschaffen ist, welche Bedingungen für ein Individuum gelten und was ein angestrebtes Ziel erfordert. Über den Zustand des Angestrebten, beispielsweise darüber, was eine gute Nachbarschaft ausmacht, belehrt uns die Erfahrung. Über die andere Seite, die des irgendetwas anstrebenden Subjektes, sagt Aristoteles, daß es in zweierlei Hinsichten bedingt sei, einerseits durch seinen Verstand, durch das Ausmaß, in dem es Wissen erwerben kann oder bereits erworben hat, und andererseits durch seinen Charakter.

Aristoteles' Terminologie macht in diesem Kontext durchgehend Gebrauch von einem Ausdruck *(›aretē‹)*, der im Deutschen für gewöhnlich mit ›Tugend‹ wiedergegeben worden ist. Was damit gemeint sein könnte, haben eine Vielzahl scharfsinniger Studien zu erhellen versucht. Hält man sich an die im zweiten Buch der *Nikomachischen Ethik* (6, 1106a15ff.) niedergelegte Bestimmung, so geht es um eine Eigenschaft, die in gewisser Weise jener analog ist, die bedingt, daß beispielsweise Hucks Kanu gut im Wasser liegt, oder Huck selbst sich eine wohlklingende Pfeife zu schnitzen vermag. In gehobener Betrachtung wäre an eine Disposition zu denken, die einen Menschen befähigt, nicht bloß zu sehen, sondern scharf zu sehen, nicht bloß zu argumentieren, sondern darin eine gewisse Perfektion zu erreichen usw. Anders ausgedrückt, es geht um die Vorzüge von in verschiedenen Hinsichten *tüchtigen* Menschen.

Die Differenz handlungsmäßiger Tüchtigkeit zu Hucks Fertigkeit des Pfeifenschnitzens hängt mit der Einbettung jeder Handlung in den Lebensverlauf zusammen. Eine Handlung läßt sich zwar isoliert betrachten und argumentativ rekonstruieren, ist aber nicht im gleichen Sinne abschließbar wie etwa ein Schnitzvorgang. Die Verwirklichung der Tüchtigkeit in bezug auf die Praxis ist ein offener Prozeß, dessen Verlauf von der jeweiligen besonderen Ausstattung des Einzelmenschen abhängt.

Das Glück im aristotelischen Sinne besteht demnach darin, in Übereinstimmung mit unseren Perfektionsmöglichkeiten, unserer Fähigkeit, tüchtig zu sein bzw. zu agieren (*Nikomachische Ethik* I,6, 1098a17) – anders ausgedrückt: Es bedeutet neben der Erfüllung jener Wünsche, die wir als biologische Wesen haben, auch das Erreichen jener Ziele, die wir aufgrund unserer persönlichen Eigenart anstreben.

Unsere Möglichkeiten, tüchtig zu sein, nehmen sich je nach Bereich verschieden aus. Huck kann nicht sinnvoll beschließen, sich wie ein Vogel in die Lüfte zu erheben, statt sich weiter dem Kanu anzuvertrauen. Was ihm in bezug auf die Eigenart der Luft, des Wassers und überhaupt die Natur möglich ist, ist der Erwerb von Wissen. Er kann sich kundig machen über dasjenige, was nicht in der Macht des Menschen liegt – nach Aristoteles die höchste Form des Sich-in-der-Welt-Umtuns, in der die Menschen über ihre sterblichen Verhältnisse hinausstreben. Im VI. Buch der *Nikomachischen Ethik* behandelt Aristoteles unter diesem Aspekt die Tüchtigkeit des dem theoretischen Leben verpflichteten Forschers, die sich – nach dem Wort für das Denken *(dianoia)* – in den ›dianoetischen Tugenden‹ entfaltet. Er nennt Weisheit, Intelligenz und Klugheit *(phronēsis)* in bezug auf das Handeln als die Momente dieser Tüchtigkeit, wobei letztere im Charakter *(ēthos)* des Menschen ihre praktische Umsetzung erfährt, in den ›ethischen Tugenden‹. Worin diese genau bestehen, wird deutlich, wenn wir uns die Zusammenhänge von Wünschen, Bedürfnissen und darauf bezogenen Handlungen vor Augen führen.

Während unsere Bedürfnisse – Hunger, Schutzbedürfnisse usw. – sich nicht grundsätzlich unterscheiden, kann es von Fall zu Fall differieren, in welchem Ausmaß diese bereits erfüllt sind. Wenn wir beispielsweise mit Aristoteles geneigt wären, den Reichtum als Mittel zur Erhaltung der Gesundheit anzusehen, so mag es sich durchaus so verhalten, daß die zweite Million dem Millionär ebenso erstrebenswert erscheint wie dem durchnäßten Huck ein warmer Mantel. Aristoteles mag an die Ärztehonorare gedacht haben, uns heute wird im Zeitalter käuflicher Organe noch sehr viel mehr einfallen. Eine Lebensweise hingegen, die das Geld zum Zweck erhebt, lehnt er genauso ab wie diejenige, welche auf Genuß abzielt.

Dem Mehr oder Minder in bezug auf die Befriedigung der Bedürfnisse steht gegenüber die qualitative Verschiedenheit der darüber hinausgehenden Wünsche. Bekanntlich hat der Neger Jim gänzlich andere Motive für die Fahrt auf dem Fluß als Huck, und es ist offenkundig, daß die auseinanderstrebenden Vorstellungen solange verdeckt bleiben, wie beide damit beschäftigt sind, Nahrung, Schlafplätze u. ä. zu suchen. Beide sind darüber hinaus Glückssucher, die Unterschiedliches zu realisieren hoffen: Huck, dem Vater zu entgehen, Jim, in eine dem Südstaatler Huck allerlei Kopfschmerzen bereitende Freiheit zu entkommen. Was nun kann sinnvoll gemeint sein, wenn wir davon reden, daß sie in Harmonie mit ihren persönlichen Vorzügen agieren? Von Huck und Jim wissen wir hinsichtlich ihrer Charaktere u. a., daß sie Anlagen zur Gutmütigkeit haben und nicht feige sind (wenn es nicht gerade um böse Geister geht). Solche Vorzüge lassen sie in bestimmten Situationen das Richtige tun und sind darauf angelegt, im Zuge eines gelingenden Lebens gemehrt zu werden.

Das richtige Handeln auf der Basis moralischer Talente ist nach Aristoteles gleichbedeutend mit dem Beschreiten eines *Mittelweges.* Es gilt ein Zuviel an Engagement genauso zu vermeiden wie ein Zuwenig. Wer Geld besitzt, kann es mit vollen Händen zum Fenster hinauswerfen oder in das andere Extrem, das des Geizes, verfallen. Der vernünftige Umgang mit Geld besteht im Kaufen oder Schenken, nicht im Knausern, und dies bei der rechten Gelegenheit und nicht bei jedem beliebigen Anlaß – eben in großzügigem Handeln.

Was die intellektuellen Qualitäten angeht, so sind die beiden Reisenden vertraut mit einer Vielzahl von Situationen, in denen sich Menschen bewähren können, wobei Jim ausschließlich direkte Lebenserfahrung und Huck noch mittelbar durch Lektüre erworbene Einsichten beiträgt. Mögliche charakterliche Vorzüge wie Großzügigkeit, Tapferkeit usw. werden von Aristoteles außer in der *Nikomachischen Ethik* u. a. in der *Rhetorik* (I,8) erörtert, was vielleicht ein nicht ganz zufälliger Hinweis darauf sein könnte, daß derartige Eigenschaften ihm eher aus der Beobachtung äußerer, für einen Kommentator lobens- oder tadelnswerter Geschehnisse zuwachsen, als daß sie sich aus einer Analyse der menschlichen Natur ergäben.

Ungeachtet von Begründungsproblemen im einzelnen erhalten wir eine durchsichtige Struktur für die argumentative Kommentierung alles Tuns, das auf Lebensglück abzielt. Mit Hucks Hilfe können wir sie leicht exemplifizieren:

- Glück ist das, was alle Menschen anstreben.
- Glück ergibt sich aus der zunehmenden Realisierung menschlicher Tüchtigkeit.
- Tüchtigkeit bedeutet im praktischen Leben Klugheit und konkretisiert sich als Großzügigkeit, Tapferkeit usw.

Wenn Huck ein kluger Mensch ist, handelt er – wenn dem nichts entgegensteht – großzügig, tapfer usw.

Bei Jim verkompliziert sich die Situation insofern, als er, indem er der Sklaverei zu entrinnen versucht, die Freiheit gewinnen will, die ihn überhaupt erst in den Stand versetzt, sein eigenes Lebensglück anzustreben.

Aristoteles' eigene Überlegungen zum Sklavenstatus sind übrigens wenig erfreulich. Er sieht Unfreie als bloße Mittel an, mit denen die Freien ihre Handlungen vollziehen. Sie sind ›lebende Werkzeuge‹ (*Politik,* 1,4, 1253b32), und das vorgeblich natürlicherweise. Allerdings gibt es einen interessanten Hinweis darauf, daß sich Freier und Sklave durchaus in der bei Huck und Jim gegebenen Weise zueinander verhalten können, und zwar nicht als Freier zum Unfreien, sondern als zu diesem als einem Menschen (*Nikomachische Ethik* VIII,13, 1161b5f.).

Nicht gerade zu den goldenen Passagen des *Corpus Aristotelicum* gehören auch Aristoteles' Bemerkungen über Frauen. Die von ihnen für ein glückendes Leben zu kultivierenden Vorzüge sind etwa die der Schönheit, der Mäßigung und des Arbeitseifers (*Rhetorik* I,5, 1361a6ff.). Wie dem Mann das Befehlen zukomme, so soll die Tüchtigkeit der Frau sich in ihrem Gehorsam erweisen (*Politik* I,13, 1260a23f.). Daß die Perfektionierung dieser angeblichen Disposition das Ende jeglicher Freiheit bedeutet, liegt in der Konsequenz des Gedankens.

Frauen bilden wie die Sklaven nach gängiger griechischer Auffassung eine Randgruppe des praktischen Lebens. Die Frauen von Athen gelten einfach als Frauen *(gynaikes)* und nichts weiter. Eine weibliche Form der Bezeichnung ›Athener‹ *(athenaios)* gibt es nicht. Die Identität der Familie und der Gesellschaft stiften allein die freien Männer. Die Frau ist ein im Grund fremdes Wesen *(xenē)*, das als eine Art Wandergut entweder der Familie des Gatten oder des Vaters zugeschlagen wird. Die Parallele zum beweglichen Eigentum Sklave liegt auf der Hand.

Die abschätzigen Bestimmungen des Sklaven und der Frau sind griechisches Gemeingut und keine Erfindungen des Aristoteles. Ein Problem im Blick auf die Frauen war der Umgang mit der weiblichen Schutzpatronin Athene, und es ist recht erhellend zu sehen, wie der Mythos möglichem frauenbewegenden Einspruch vorbeugt: Athene wird als eine – übrigens wie ein Mann gekleidete – Kopfgeburt des Zeus gedeutet, und um ihr den Vorrang vor dem Meeresgott Poseidon zu sichern und dessen Zorn zu besänftigen, soll die Stadt den Frauen nach Herodot (*Historien* VIII,55) in grauer Zeit ihre Rechte abgesprochen haben.

Im Rahmen von Aristoteles' Konzeption des Glücks interpretiert, verweist die Einschätzung von Frauen und Sklaven auf das Problem des Aneinanderstoßens von Glückssuchern. Entlaufene Sklaven stören den Lebensplan des Sklavenhalters. Eine widerborstige Gattin wird die Verwirklichung männlicher Dispositionen – vorzugsweise der, nach eigenem Gutdünken über weibliche Schicksale zu entscheiden – trivialerweise stark beeinträchtigen. Es ist klar, daß solcherlei in den konkreten Fassungen für Aristoteles kein Problem darstellen kann, da ein Sklave ohnehin kein glücksfähiges Subjekt wäre und emanzipatorische Bestrebungen nur auf die Perfektionierung weiblicher Untugenden, also letztlich auf das Unglück von Frauen hinausliefen.

Nichtsdestoweniger ist das allgemeine Problem praktischen Wissens, nämlich die mögliche Disharmonie menschlicher Handlungen, von Aristoteles selbstverständlich gesehen worden, und er ist ihm in zwei Hinsichten nachgegangen. Der eine – sehr viel knapper thematisierte – Aspekt ist jener der Einschränkung der Handlungsmöglichkeiten aufgrund der Einwirkung fremder Willensäußerungen – in gängiger Redeweise des Verhältnisses von *Freiheit* und *Zwang* (der Notwendigkeitsbegriff paßt hier nicht). Der andere ist der des geregelten Miteinanders unter der Voraussetzung des freien Agierens von Bürgern – jener der *Politik*.

3.3 Freiheit und Zwang

Die Bedingung der Möglichkeit zweckvollen Handelns ist nach Aristoteles erfüllt, soweit äußerer Zwang oder Unkenntnis ihr nicht entgegenstehen (*Nikomachische Ethik* III,1, 1110a1 ff.). Anders gewendet, bei der Freiheit des Handelns geht es um Handlungen, die wir auch unterlassen könnten. Es ist nicht unerheblich, an den Traum Jims zu erinnern und zu sehen, daß diese Freiheitsvorstellung nichts mit der Freiheit des Willens zu tun hat, der von geistreichen Autoren wie Ryle und weniger geistreichen wie Skinner mit Argumenten verschiedener Güte infragegestellt worden ist. Aristoteles bezieht sich lediglich auf die Chance, einen auftretenden Handlungsanstoß – welchen Umständen auch immer sich dieser verdankt – in ein Tun umzusetzen. Dabei kann sich ein Dilemma einstellen, das er im dritten Buch der *Nikomachischen Ethik* mit dem Begriff der ›gemischten Handlung‹ verbindet. So, wenn jemand einer Erpressung nachgibt, indem er, um die eine Personengruppe vor Schaden zu bewahren, einer anderen Unbill zufügt.

Ein anderer Fall wäre die in den Schiffsuntergangsszenarien einschlägiger Filme dramatisierte Situation, in der die Besatzung eines knapp vor dem Kentern stehenden Rettungsbootes sich weigert, weitere Schiffsbrüchige an Bord zu nehmen. Würde der Schiffsführer später von einer Untersuchungskommission zur Rechenschaft gezogen, wäre er schlecht beraten, sich auf praktische Rechtfertigungen der oben skizzierten Form zu stützen. Eine Begründung mit dem Inhalt, er habe, um die eigene Gruppe zu retten, das Mittel gewählt, andere Menschen in den Tod gehen zu lassen, würde die Bedingungen seines Handelns vollkommen verzerren. Die angemessene Darstellung hebt nach Aristoteles mit der Klarstellung an, daß die erste Prämisse einen negativen Inhalt habe, in diesem Fall die Absicht herausstellen müßte, das kleinere Übel dem größeren vorzuziehen. Das hieße in diesem Fall, eine Begründung dafür zu gewinnen, daß die unterlassene Hilfe ein vertretbares Mittel dargestellt haben könnte. Es ist offenkundig, warum der in solchen Zusammenhängen gängige Begriff der Notwendigkeit hier fehl am Platze ist. Es geht um willentliches Handeln, das unter Einrechnung äußerer Zwänge stattgefunden hat, aber unvernünftigerweise auch hätte unterlassen werden können.

3.4 Freundschaft/Liebe

Neben der Unterworfenheit unter einen fremden Willen existiert ein weiteres Verhältnis zwischen Menschen, das zwar keine Gestaltungsfrage aufwirft, aber gleichwohl im Kontrast den Bedarf politischer Regelungen anzeigt. Gemeint ist die *Freundschaft* bzw. die *Liebe (philia)*. Sie nimmt eine Sonderstellung sowohl in bezug auf die solitäre Entwicklung unserer Vorzüge als auch auf die Abgleichung dieser Entwicklung mit den Lebensplänen anderer Individuen ein. Hierbei bestehen Beziehungen zwischen Menschen, die ihre Talente teilen, ohne sich wechselseitig ihre Verdienste umeinander vorzurechnen (*Nikomachische Ethik* VIII,16, 1163b15f.). Gemeinsam läßt sich geistig und in Taten mehr erreichen als allein. Freundschaften beruhen auf positiven

Gemeinsamkeiten. Auch und gerade wer über alle Güter der Welt verfügt, bedarf der Freunde, um etwas davon zu haben. In den Rahmen der Freundschaft gehört auch die Liebe, bei der man sich im höchsten Maße dem Wohlergehen eines anderen verschreibt. Der Austausch von negativen Gefühlen, von Mißbehagen oder Trauer gehört nur insoweit in den Rahmen der Freundschaft, als der Nicht-Betroffene dadurch selbst keine Unbill erleidet – und geht nicht über den Bereich der Sorge hinaus (*Rhetorik* II,4, 1381a3 ff.). Freundschaft und Liebe sind nicht zum wechselseitigen Ausheulen gedacht.

Der Tendenz nach mag Aristoteles' Vorstellung an Arthur Schopenhauers berühmte *Fabel von den Stachelschweinen* erinnern: An einem kalten Wintermorgen drängen sich die Tiere aneinander, um Wärme zu finden. Im Hin und Her zwischen Kälte und Schmerz spielt sich die rechte Distanz ein, in der die Stachelschweine einander nahe genug sind, um sich zu wärmen, und hinreichend entfernt, um nicht gepikst zu werden.

3.5 Gerechtigkeit

Was unter Freunden der Fall ist, nämlich der Schwierigkeiten bei der Gestaltung rechter Lebenspraxis enthoben zu sein, kann nicht gelten, wo sich Menschen aufgrund der Verschiedenheit ihrer Absichten und Möglichkeiten oder auch nur aufgrund des schlichten Umstandes des Sich-Fremdseins nicht von selbst ins Benehmen setzen. Und es gilt für Aristoteles als Selbstverständlichkeit, daß der Mensch nicht allein von der Gemeinschaft Nahestehender (*Nikomachische Ethik* I,5, 1097b11) abhängt, sondern in vielerlei Hinsicht der Gesellschaft bedarf. Die entsprechende Charakterisierung des Menschen als ›*zōōn politikon*‹ (*Politik* I,1, 1253a3) zählt zu den meistzitierten philosophischen Redewendungen überhaupt.

Aristoteles meint damit nicht, daß die Menschen von Natur aus etwa dazu tendierten, sich politische Posten zu sichern oder die Nachrichten über die diplomatischen Ränke ihrer Staatsführungen zu Herzen zu nehmen. Die Redewendung bezieht sich vielmehr auf eine Bewegung zum Ziel des rechten Lebens hin. Erst im Verbund mit anderen Individuen kann der einzelne zur Verwirklichung seiner Bedürfnisse und Ziele gelangen. Der Mensch ist verhaltensbiologisch betrachtet ein Herdenwesen mit dem besonderen Talent, Sachverhalte durch sprachliche Äußerungen *(logoi)* darstellen zu können. Das besagt: Er kann die unvermeidlichen Verschränkungen seines Lebensplanes mit denen anderer Individuen unter bestimmten Gesichtspunkten explizit machen und regeln (*Politik* I,2, 1253a7ff.).

Damit entsprechende Regelungen greifen können, ist einerseits eine der Freundschaft verwandte Gemeinsamkeit menschlicher Einstellungen nötig: Eintracht *(homonoia)* in bestimmten Angelegenheiten. Konkret bedeutet dies nicht zuletzt die Ausgrenzung von Frauen, Fremden, Sklaven und Kindern. Andererseits liegt es in der Natur der Sache, daß eine Gesellschaft sich nicht nur aus Gleichgesinnten rekrutiert, wie es ein Freundeskreis könnte. Unter Freunden ist die Gleichgerichtetheit von Vorzügen und Bemühungen eine allseits förderliche Angelegenheit, in größeren Gruppen gilt dies nicht ohne weiteres. Ein großzügiger Bäcker bedarf zu seinem Wohlergehen selbstverständlich möglichst vieler großzügiger Kunden (und nicht etwa weiterer Bäcker). Das gilt auch für größere Einheiten als eine Käufer/Verkäufer-Gruppierung. In der *Politik* (II,5, 1261a) stellt Aristoteles klar, daß der Staat aus Menschen besteht, die zwar als Gattungswesen und ihren allgemeinen Tendenzen gleich, sonst aber verschieden sind, also eine heterogene Einheit bilden.

Nun hängen einige der wirkungsmächtigen politischen Entwürfe der Geschichte bekanntlich mit der entgegenstehenden Überzeugung zusammen, die Menschen seien gleich oder wenigstens sollten sie durch den Staat, soweit irgend möglich, auf eine Linie gebracht werden. In Verbindung mit Aristoteles' Skepsis in bezug auf die Realisierbarkeit gemeinschaftlichen Eigentums (*Politik* II,5, 1263b5ff.) läßt sich unschwer eine wohlfeile Kritik vieler wirtschaftsutopischer Bestrebungen herleiten. Dabei wird leicht übersehen, daß Aristoteles' These sich im Grunde auf alle Arten von Konformismus beziehen läßt, also auch etwa auf Gleichheitsstiftungen im Namen von Nationen oder Religionen. Ein Staat, der Einheitlichkeit will, hört auf, ein solcher zu sein, heißt es in unmittelbarem Anschluß an die Infragestellung gemeinschaftlicher Besitzverhältnisse. Das Insistieren auf der Heterogenität, die Kritik des Gemeineigentums, ergänzt durch den Hinweis darauf, daß die Menschen zuweilen allerlei Übles im Schilde führen, lehren vor allem eins: Praktisches Wissen, das die Beziehungen zwischen Menschen regeln soll, die einander nicht ohne weiteres verbunden sind, kann nicht allein von wünschens- oder beklagenswerten Gemeinsamkeiten der menschlichen Natur ausgehen. Es muß vielmehr eine sinnvolle Kommentierung vorhandener Gleich- und Ungleichheiten, also der faktischen Lage der einzelnen Individuen, enthalten und zugleich eine Orientierung für den weiteren Umgang mit derlei Sachlagen liefern.

Den Schlüsselbegriff hierfür nennt Aristoteles, indem er sagt, unter Freunden, das heißt im Rahmen sich wechselseitig stützender Lebensvollzüge, bedürfe es keiner *Gerechtigkeit* (*Nikomachische Ethik* VIII,1, 1155a26f.). In einer Freundschafts- oder gar Liebesbeziehung haben Wendungen wie »Das ist unfair!«, »Ich habe genauso ein Recht auf Selbstverwirklichung wie du!« erst dann ihren Ort, wenn das wechselseitige Bemühen um Wohlergehen sich nicht durchhalten läßt. Dann wird die Frage gerechten Handelns auch hier aktuell: Gerechtigkeit wird zur notwendigen Ergänzung, wo die Freundschaft zu schwach ist oder womöglich aufgrund besonderer Umstände nicht ausreicht, eine sinnvolle Regelung zu treffen. Man denke beispielsweise an jenen Ringbesitzer in Nathans berühmter Parabel, der seine Söhne »gleich zu lieben, sich nicht entbrechen konnte«, und sich der Gerechtigkeit halber eines täuschenden Tricks bediente.

Es ist alles andere als müßig, an dieser Stelle kurz zu verweilen und ohne Vorwegnahme der genaueren inhaltlichen Füllung des Gerechtigkeitsbegriffes einen Moment über die Bedeutung der Grenzziehung zwischen Freundschaft/Liebe einerseits und Gerechtigkeit andererseits nachzudenken. Aristoteles' Unterscheidung hat bei erster Betrachtung eine derart schlagende Plausibilität, daß sehr leicht verdeckt wird, in welchem Umfang wichtige Inhalte unserer Tradition wie auch der gegenwärtigen Lebensauffassung damit herausgefordert sind.

Die in unserem Kulturkreis populärsten Gegenstücke finden sich in den Evangelien, etwa den Gleichnissen, in denen dem Fleißigsten der geringste Lohn zufällt, und besonders deutlich in der Aufforderung, die Feinde zu lieben (*Lukas* 6,27). Die Auslegung der Absenz von Gerechtigkeit folgt durchgehend der Tendenz, darin Modelle einer liebenden Haltung Gottes zu sehen – was Aristoteles allein schon deshalb fern läge, weil für ihn die Götter mit den Menschen nicht in der Weise verbunden sein können, wie es Liebende oder Freunde sind. Vergleicht man das extensiv gemeinte Liebesgebot in seinen realen Auswirkungen mit Gerechtigkeitsmaximen, so ergibt sich keine eindeutige Präferenz. Da stehen auf der einen Seite Humanisierungsleistungen, die das Christentum und andere auf die Vorstellung universaler Liebe setzende Religionen für sich in Anspruch nehmen. Andererseits gibt es eine Vielzahl alter und neuer sozialer Situationen, für die man sich vorstellen könnte, daß die Ausrichtung an Gerechtigkeit eher praktische Erträge zeitigt als die Orientierung an einer jedes Individuum überfordernden Liebesmaxime. Bezeichnenderweise haben die großen christlichen Beiträge zur Deutung gesellschaftlichen Handelns – etwa des Thomas von Aquin fragmentarischer Kommentar zur *Politik* des Aristoteles – den Charakter einer einschlägigen Ergänzung.

Stellen wir uns vor, ein im oben skizzierten Sinne tüchtiger Mensch sei das Vorbild seiner Mitbürger. Bei der Betrachtung einer solchen Situation ist es offenkundig, daß vortreffliche Eigenschaften wie die Tapferkeit oder die Großherzigkeit zwar Verhaltensmodelle offerieren, aber keine der üblicherweise anfallenden Streitfragen erledigen. Es liegt nahe, ihn um Rat zu fragen, zu versuchen, Lehren aus seinem beispielhaften Leben zu ziehen, die Entscheidungen ermöglichen. Warum soll der da zu befehlen haben, nicht aber man selbst? Welches Stück vom sozialen Kuchen soll der eine bekommen, und welches der andere? Aristoteles' Antworten bestehen in Konkretisierungen des gerechten Handelns, wobei eine nicht-selbstverständliche Ausgangsvorstellung die ist, daß Gerechtigkeit gedanklich nachvollziehbar sein muß (*Große Ethik* 2,1183b39f.). Gerechtes Handeln kann nicht aus Urväter Sitte oder göttlicher Setzung begründet werden, sondern weist sich dadurch aus, daß man argumentativ rekonstruieren kann, was jedermanns ›gutes Recht‹ sein soll.

Gerechtigkeit ist eine komplexe Tugend, deren Entfaltung Handlungsnormen für unterschiedliche Ebenen setzt. Der einzelne Bürger handelt in einer ersten Bedeutung gerecht, indem er sich an die Gesetze des Staates hält (*Rhetorik* I,9, 1366b9f.). Als Begründung führt Aristoteles an, daß die Rechtsprinzipien eines Staates sich aus der Übereinkunft der Bürger ergeben (*Politik* III,9, 1280b10ff.). Das besagt umgekehrt, daß die Definition des Bürgers sich aus nichts anderem als dessen Partizipation an der Formierung des Staates herleitet. Das Befolgen der Gesetze ist für den Bürger zwingend, insofern ihr Vorhandensein und die unter Umständen vorzunehmenden Neuerungen sich seinem eigenen Handeln verdanken. Zwischen Bürger und Staat besteht eine natürliche Beziehung, die sich aus der Zweckmäßigkeit staatlicher Organisation zur Erfüllung der Bedürfnisse und darüber hinausreichenden Wünsche ergibt. Der Staat ist die äußere Form, in der Menschen den Vorsatz eines guten Lebens verfolgen.

Wenn wir vom Staat als dem Gebilde sprechen, in dem sich Gerechtigkeit realisieren soll, und dabei den Eindruck einer gewissen Weltfremdheit erhalten, dann hängt dies nicht zuletzt mit der deutschen Wortwahl zusammen. Die Polis, auf die sich Aristoteles bezieht, ist eine *face-to-face-society*. Wir müssen uns eine Gesellschaft vorstellen, die in etwa die Größe einer modernen Vorstadteinwohnerschaft hat, und in der sich die Menschen, wie im Süden üblich, nicht in ihren Häusern verkriechen, sondern täglich auf den Straßen und Märkten begegnen. Die Staatsverwaltung in Athen war so organisiert, daß die meisten Bürger Erfahrung mit dem Regieren wie der Rechtsprechung hatten, was selbst dann bemerkenswert bleibt, wenn man in Rechnung stellt, daß sich die Bürgerschaft aus der Minderheit steuerzahlender männlicher Erwachsener rekrutierte. Wollte man aus dieser Sachlage eine politische Regel extrahieren, dann müßte sie in etwa zum Inhalt haben, daß die Verpflichtung des Bürgers zur Befolgung der Gesetze davon abhängt, inwieweit die Regierenden, die Gesetzgebung und die Rechtsprechung durchschaubar sind und er die Chance zur Partizipation hat.

Eine literarische Fassung von Maximen dieser Tendenz kennen wir aus der – von Aristoteles geschätzten – *Antigone* des Sophokles. Der in der 3. Episode (V. 666ff. et passim) erhobenen Forderung Kreons: »Wen das Volk bestellt hat, dem soll man gehorchen«, wird in Haimons Gegenrede nicht direkt widersprochen, aber ihre Geltung wird in einen Rahmen einer anders tendierenden politischen Auffassung gestellt.

Drum trag in Dir nicht einen Sinn allein:
Daß nur wie Du denkst und nichts anderes das Rechte wäre.
Denn wer nur einzig für sich selber meint, Vernunft zu haben
Und Zung' und Seele wie kein andrer – solche Leute,

Schließt man sie auf, so zeigt sich, sie sind leer.
Nein, für den Mann, wie weise er auch sei,
Ist es nicht Schande, viel zu lernen und
Nicht gar zu sehr den Bogen anzuspannen [...].«

Die Fortsetzung bildet ein in Erregung gesprochener, aber gedanklich klarer Dialog:

Kreon: *Hat mir das Volk zu sagen, wie ich herrschen muß?*
[...]
Für wen sonst als für mich soll ich dies Land regieren?
Haimon: *Das ist kein Staat, der einem nur gehört.*
Kreon: *Gilt nicht der Staat als dessen Staat, der in ihm herrscht?*
Haimon: *Schön herrschtest Du für Dich allein im leeren Land!*

(Übers. von W. Schadewaldt)

Die heutige Rezeption des Stückes konzentriert sich oft recht einseitig auf das Thema des Widerstandsrechtes, welches aus ungerechter Herrschaft für den einzelnen erwächst. Das aber paßt sehr viel besser zum *Sachsenspiegel* als zur griechischen Politik-Idee. Passagen wie die zitierten stehen deutlich für den bei Aristoteles bedachten Anspruch, die Regierenden einzubetten in die sozialen Bezüge der Polis, Verhältnisse zu schaffen oder zu erhalten, die es gestatten, daß der eine vom anderen lernt – auch wie der eine herrschen und der andere sich beherrschen lassen soll. Und dies wiederum setzt den Einblick in das voraus, was im Bereich des Regierens vor sich geht. Gleich zu Anfang der *Nikomachischen Ethik* (I,2) erinnert Aristoteles mit Hesiod an wünschenswerte Verhältnisse (*Werke* 295–7), an eine für jedwede Regierungspraxis nützliche Haltung:

Tüchtig ist [...] *auch der, der dem Gutes Ratenden folgsam,*
Doch es selber nicht sieht und auch, hört ers vom andern
Sich zu Herzen es nimmt, der *Mann ist nicht zu gebrauchen*

(Übers. von W. Marg)

Eine Pointe der Moderne zeichnet sich derzeit im Zuge der genau gegenläufigen Entwicklung ab, nämlich die Regierten zu Belehrten und obendrein gläsernen Menschen zu machen, während die Seite des Herrschens Information vereinnahmt, aber nicht preisgibt, für Beteiligte wie Betroffene opak wird. Das Land wird – mit Sophokles gesprochen – leer, das heißt, das Gemeinwesen präsentiert sich als Karte, Zahlenwerk, geschönte Fernseheinstellung usw.

Weitere Bestimmungen der Gerechtigkeit verbinden sich mit Aristoteles' Vorstellung von den Verteilungen, die in bezug auf Macht, Besitz und anderes mehr zwischen den Bürgern bestehen können. Gerecht erscheint ihm die *Gleichheit* der Bürger, soweit es ihren Umgang miteinander, etwa in bezug auf die Gesetze, betrifft. Anders sieht er die Dinge hinsichtlich der Teilnahme an der Regelung staatlicher Angelegenheiten. Zwar sollen alle partizipieren (*Politik* II,2, 1261a39ff.), aber er hält es für angemessen, denjenigen, die tüchtiger sind, größere Rechte auf Macht und Besitz einzuräumen. Die Begründung liegt auf der Hand, wenn man in Rechnung stellt, daß sich im Staat die gemeinsame Anstrengung zur Vollendung der Vorzüge der Individuen abspielen soll, diese aber von sehr unterschiedlicher Vortrefflichkeit sein können (*Politik* III,4, 1276b37f.). Man sollte allerdings nicht verkennen, daß hier ein gesondertes Entrée nicht allein der Tüchtigen, sondern faktisch auch der bloß Tüchtigkeit für sich Reklamierenden geschaffen ist. Immerhin verhält es sich historisch so, daß diese Auffassung speziell das Zusammengehen mit religiösen bzw. ideologischen Formen der Machtanmaßung begünstigt, wobei die Beispiele der ganzen Skala von den friedlichen Formen des *bonhomme* unter den Katharern oder des chassidischen *Zaddik* bis zu den despotischen Tugendwächtern der Calvinisten oder Jakobiner ausmachen – von noch übleren Fällen ganz zu schweigen.

3.6 Verfassungen

Im Hintergrund der Bevorzugung bestimmter Personen oder Personengruppen steht die Annahme, daß ideale Individuen – Aristoteles nennt Agamemnon und Achill, d. h. Helden der ihm golden erscheinenden homerischen Zeit – nicht beherrscht werden sollten. Wenn der Tüchtigere durch den weniger Fähigen regiert würde, dann wäre dies ungerecht (*Politik* III,13, 1288a17ff.). Das besagt in der Umkehrung nichts anderes, als daß es eben eine weitere Bedeutung von Gerechtigkeit ausmacht, sich durch diejenigen beherrschen zu lassen, die dazu geeignet erscheinen. Allerdings setzt Aristoteles mit der Nennung der Heroen des Mythos einen Standard, der eiliger Ursurpation der Tugendspitze entgegensteht.

Nichtsdestoweniger wird unter dieser Bedingung verständlich, warum Aristoteles der *Monarchie* einiges abgewinnen kann – vorausgesetzt, die herrschende Familie zeichnet sich durch besondere Qualitäten aus (*Politik* III,17, 1288a8f.). Von den anderen Staatsformen sind es die *Politie* und die *Aristokratie,* denen er eine anerkennenswerte Praxis zuschreibt. Hinzu kommen noch zwei *Wunschverfassungen,* von denen die eine die allgemeine Tendenz der politischen Vorstellungen, nämlich die Einbettung der Politik in ein Geschehen menschlicher Vervollkommnung, besonders deutlich markiert, während die andere eine wenig fruchtbare, genauer gesagt rückwärts gewandte Utopie ausführt. Wenden wir uns aber zunächst dem anderen Ende der Skala zu.

Demokratie, Oligarchie und *Tyrannis* sollen nach Aristoteles von Übel sein. Allerdings meint er mit der Demokratie eine Herrschaft, die in den Händen der wenig Besitzenden liegt (*Politik*, III,8, 1279b4ff.). Den von ihm wenig geschätzten Verfassungsformen unterstellt er, daß die Herrschaft dort im Interesse partikularer Ansprüche ausgeübt wird, wohingegen die Aristokratie (*Politik* III,7, 1279a34ff.) und die Monarchie auf die Regierungsweise besonders vortrefflicher Menschen bezogen werden. Ein Vorzug der Aristokratie im Vergleich zu der Herrschaft einzelner Menschen ist in der größeren Anzahl der regierenden Besten zu sehen – vorausgesetzt natürlich, daß die Auszeichnung in beiden Fällen überhaupt gilt. Allerdings hat das griechische Wort *›aristos‹* bereits die Bedeutung des berechtigten Vorzuges. Um das Problem mangelnder Tüchtigkeit nicht zu verdecken, unterscheidet Aristoteles in den einschlägigen Passagen des IV. und V. Buches der *Nikomachischen Ethik* sehr klar zwischen dem reinen und dem unreinen Fall von Aristokratie und Monarchie, wobei die Frage der Angemessenheit der Bezeichnung sich erst nach dem Stand der Tugend entscheidet. Das an einem ruhigen Tag von Huckleberry Finn und Jim ausgiebig erörterte Problem der verbrecherischen Machenschaften autokratischer Herrscher ist Aristoteles keineswegs verborgen geblieben.

Die *Politie* gewinnt ihren Rang aus der Beobachtung, daß die Herrschaft weniger Menschen besonders wegen des Gegensatzes von Arm und Reich allerlei Konflikte mit sich bringen kann. Die Politie gilt also als eine sinnvolle Organisationsform eines Staates unter Abgleichung des eigentlich zu Wünschenden mit den Erfordernissen der Polis, in der es eine breitgestreute Machtteilhabe geben sollte. Der Kompromiß sieht im Rahmen dieser Mischverfassung dann so aus, daß die breite Masse der Bürger durch Rat und Abstimmung partizipieren soll, wohingegen die Führung der Amtsgeschäfte einer auf komplexe Weise identifizierten Elite zufiele (*Politik* III,10 u. 11), in der sich besondere persönliche Vorzüge mit Auszeichnungen durch Geburt und materiellen Besitz verbinden.

Die drei akzeptablen Formen Aristokratie, Monarchie, Mischverfassung und ihre schlechten Entsprechungen Oligarchie, Tyrannis und Demokratie werden von Aristoteles weithin im Blick auf ihm bekannte Beispiele diskutiert. Die Typisierung ist durchgehend realitätsbezogen. Davon heben sich ab die beiden *idealen* Formen der Staatsorganisation. Die eine wird durch die bereits oben angedeutete Fiktion repräsentiert, daß Götter oder götterähnliche Wesen vor grauer Zeit zuweilen das Regiment übernommen haben. Die zweite ideale Form, die *Mittlere Verfassung*, sieht wie die Politie Partizipation auf breiter Basis vor, allerdings im Sinne einer Bevorzugung dessen, was man mit einem Körnchen Anachronisten-Salz Mittelstand nennen mag. Aristoteles hält dafür, daß die überreich Begüterten in ihrem Verhalten oft wenig erträglich wirken (*Politik* IV,11, 1295b1ff.) und die Armen andererseits derart mit der Befriedigung bloßer Bedürfnisse durch unangenehme und unwürdige Arbeit beschäftigt seien, daß ihnen zur Entfaltung ihrer Talente kein Raum bleibe (*Politik*, VI,4, 1319a24ff.). Der Mittelstand hingegen ist im idealen Zwischenstück situiert, zu verstehen als hinreichend frei und müßig, eigene Zwecke zu verfolgen, andererseits im Unterschied zum Reichen so integriert, daß weitgespannte Netze von Freundschaftsbeziehungen (mit den früher genannten Problementlastungen) das soziale Leben abfedern.

Man sieht bei erstem Hinsehen, daß der Vorschlag einer mittelständischen Herrschaft in analogem Verhältnis zur Identifikation der Tugenden als zwischen Extremen gelegene ›mittlere‹ Eigenschaften steht. Selbst wer der redensartlich gewordenen Vorstellung vom angeblich stets goldenen Mittelweg aus Erfahrung mißtraut, wird dem Ansatz etwas abgewinnen können – die zeitgebundene Ausschließung von Frauen und Sklaven ist leicht revidierbar und für den Gang von Aristoteles' Argumentation genauso marginal wie seine zeitübliche Verehrung mythischer Krieger.

3.7 Aktualität der Verfassungslehre

Sucht man den Vorstellungen des Aristoteles Entsprechendes in der Moderne, stößt man auf einiges, zuvorderst auf die Binsenweisheit der vergleichenden Soziologie, daß eine weite Streuung von Einkommen und Einfluß, kurz gesagt, die Existenz einer breiten Mittelschicht, das Konfliktpotential von Gesellschaften verringert. Und auch bei hinreichendem Verständnis für die Intellektuellen-Furcht vor der Herrschaft des Krähwinkler Mittelstandes läßt sich nur schwer leugnen, daß die Verschiebung der vorhandenen staatlichen Organisationen in der Richtung einer ›Mittleren Verfassung‹ für die meisten Menschen der Erde eine feine Sache wäre. Was sich auf den ersten Blick als enge Rekrutierung der politisch Mächtigen ausnimmt, ist im Vergleich zu den aktuellen Verhältnissen selbst in den nicht ganz unerfreulichen Systemen der Moderne von auffälliger Breite und Buntheit. Die Bürger der alten Bundesrepublik werden, glaubt man den Parlamentsstatistiken, im wesentlichen von Lehrern und Rechtsanwälten repräsentiert; in den USA haben Geschäftsleute in etwa den Anteil wie hierzulande die Lehrer; in Frankreich regieren Verwaltungsbeamte mit, neben, meist aber über den Politikern. Parteien werden in der *Politik* gar nicht erwähnt. Daß Aristoteles über diese nichts zu sagen vermag, ist allerdings nicht unbedingt ein historischer Rückstand – wir haben nur vergessen, daß sie den *Verfassungen* nach auch in den modernen Staaten nur einen marginalen Status haben sollten. Die Mehrzahl der Bürger, von denen angeblich alle Gewalt ausgeht, ist oft schlecht informiert und in bezug auf wichtige Entscheidungen indifferent, auf jeden Fall aber in verschwindend geringen Maße an der Ausübung politischer Gewalt beteiligt.

Es kann kaum die Rede davon sein, daß Aristoteles für die politische Erläuterung der Moderne kein Angebot hätte. Sehr wohl aber ließe sich mit einigem Recht von der geringen Ausstrahlungskraft seines Ansatzes sprechen. Ein Hauptgrund wurde bereits angedeutet. Die im aristotelischen Modell geforderte politische Integration der Bürger erscheint mit der wachsenden Anzahl der Individuen sowohl im globalen Maßstab als auch in bezug auf die Bevölkerungsgröße einzelner staatlicher Einheiten als zunehmend illusorisch. Die Frage ist weniger, ob ein auf der Idee der rechtlichen Gleichheit beruhender und de facto von tüchtigem Mittelstand gesteuerter Staat akzeptabel wäre, sondern mehr, ob er nicht eine für politische Zieldiskussionen untaugliche Illusion darstellt.

In den klassischen Demokratietheorien, wie sie von J. St. Mill u. a. formuliert worden sind, gibt es weitgehend Übereinstimmung darüber, daß die Verbesserung der Partizipation durch breitenwirksame Bildungsprogramme zu erreichen ist. Man hat diese Vorstellungen für gewöhnlich nicht mit Aristoteles' Konzeption praktischen Wissens in Verbindung gebracht, da man ihn – was im Blick auf seinen Demokratiebegriff verständlich ist – für einen rechten Volksfeind zu halten geneigt war. Dennoch passen sie recht gut dazu. Man braucht nur an die pädagogische Dimension der Aristoteles leitenden Idee einer Entfaltung menschlicher Talente zu denken. Dennoch vermag die Verfassungswirklichkeit der Staaten mit einem einigermaßen breiten Wohlstand gerade in dieser Hinsicht wenig Optimismus zu wecken. Die Gegentendenz behauptet das Feld, und zwar in dem Sinne, daß der öffentliche Raum, in dem die Meinungen und Entscheidungen vorzüglicher Bürger diskutierbar und bewertbar wären, durch Medieninszenierungen ersetzt wird. An die Stelle der Agora tritt der pseudo-intime Bereich der Television, in dem uns Politiker als Freunde, als nette Nachbarn gegenübertreten. Aus Bürgern werden Zuschauer, und Zuschauer wiederum mögen ihr Glück bei jedweder Darbietung finden, aber kaum auf dem Marktplatz der Entscheidungen.

Die auf das Wohlergehen möglichst vieler Bürger bedachten neuzeitlichen Gesellschaften sind nicht so eingerichtet, daß eine überwiegende Mehrzahl die persönliche Entfaltung mit der Regelung von Angelegenheiten des Gemeinwesens verbinden könnte. Nicht daß finstere Mächte sich ins Werk setzten. Paradoxerweise sind es nicht zuletzt jene erfreulichen Seiten – de facto Tausende durch Steuereinnahmen ermöglichte Dienstleistungen –, deren Gestaltung mit sich verbesserndem Standard einen Aufwand erfordert, der allgemeine Partizipation verhindert.

Dieser Makel haftet bereits jenen politischen Einheiten an, die sich mit verhältnismäßig großem Erfolg der Aufgabe verschrieben haben, das Wohl ihrer Mitglieder zu fördern, indem sie bestimmte Bedürfnisse und Wünsche erfüllen. Von Staaten, in denen Despoten über millionenfaches Elend herrschen, braucht in diesem Zusammenhang gar nicht erst die Rede zu sein. Die Realität unseres politischen Lebens macht es plausibel, daß die in den letzten Jahrzehnten unternommenen Versuche, Aristoteles' Vorstellung vom geglückten Leben einen aktuellen Sinn zu geben, sich nurmehr schwach auf das politische und soziale Handeln zu beziehen vermögen.

Wenn Aristoteles recht hat – und ein erfülltes Leben führen, heißt vor allem anderen, unsere persönlichen Vorzüge als Beiträge zum gesellschaftlichen und staatlichen Leben zu entwickeln –, dann sind wir vom Glück weiter entfernt denn je.

4. Herstellen

> [...] als der König sich müde gesprungen hatte und hinter die Szene kroch, da klatschte, trampelte, und stürmte die Menge [...].
>
> *Huckleberry Finn*

4.1 Handeln und Herstellen

Das immerhin recht weitgespannte Projekt eines geglückten Leben im Miteinander der Polis klammert nach der bisherigen Schilderung einen bestimmten Typus menschlichen Handelns aus, der sich in Aktivitäten realisiert, die nicht selten, wie Mark Twains Beispiel des schauspielenden Gauners zeigt, sehr geschätzt sind.

Erinnern wir uns auch an Huck selbst, diesmal in jenen Tagen, als er sich auf der Jackson-Insel versteckt hielt. Bis Jim auftaucht, ist er allein auf sich gestellt, könnte von seinen Vorzügen allenfalls den der Tapferkeit ausbilden, eine soziale Organisation seines Handelns braucht der Herumstreuner in dieser Situation nicht zu entfalten. Was treibt Huck unter diesen Umständen? Er baut sich ein Zelt, fängt sich einen Fisch, zündet ein Pfeifchen an und legt sich schließlich schlafen, um dem Gefühl der Einsamkeit zu entgehen. All dies ist insofern Praxis, als es sich im Schema von Mitteln und Zwecken begreifen ließe. Gleichwohl sehen wir bemerkenswerte Unterschiede und Gemeinsamkeiten.

Beginnen wir mit den Differenzen. In dem Fall des Zeltbaues *entsteht* etwas, Schlafen hingegen ist in diesem Sinne nicht produktiv. Mit dem Feuermachen, dem Fischefangen sowie dem Stopfen und Anzünden seiner Pfeife ist es etwas verwickelter. Einerseits wird etwas hergestellt: das Feuer, ein

Nahrungsmittel, ein Genußmittel. Andererseits geht es hier offenkundig um Vorgänge, bei denen ein Mensch eher als Initiator tätig ist denn als Produzent. Einen toten Fisch und Feuer gibt es auch ohne menschliches Zutun, und bei der Vorbereitung des Rauchens ist es sozusagen nur der letzte Kniff, mit dem Huck sich ein Naturphänomen (brennenden Tabak) nützlich macht. In allen Fällen, mit Ausnahme des Schlafes, ist es offenkundig, daß die jeweilige Sache sich zum entsprechenden Zeitpunkt und in der nämlichen Form ohne die Einwirkung eines Akteurs nicht ergeben hätte. Aristoteles unterscheidet in dieser Hinsicht zwischen Produkten der Natur und solchen, die sich anderen Gründen, genauer gesagt: menschlichem Tun, verdanken (*Physik* II,1, 192b8ff.).

Wie im Naturgeschehen (das ohnehin am Beispiel von Artefakten dargelegt wurde), greifen die oben erwähnten vier Ursachen auch im planvollen Wirken des Menschen ineinander. Im einzelnen liegen dem Herstellen eines Dinges bestimmte Vorstellungen in bezug auf die Wahl eines Materials, die Art der Eingriffe in den Stoff, die Zweckdienlichkeit eines Produktes sowie die Formgebung voraus.

Bereits diese Verbindung mit der Ursachenlehre, in Sonderheit die Verknüpfung mit finalen Aspekten, gibt im Ansatz vor, wie die Verbindung zur politischen Philosophie des Aristoteles zu denken ist. Die selbsttätig wie die durch Kooperation mit der Natur vollzogene Herstellung einer Sache ist eine Handlung, deren Zweck der Gebrauch des Hergestellten durch eine Person ist. Was Huck angeht, so sind die Verhältnisse besonders simpel, insofern er selbst zugleich auch die Rolle des Nutznießers spielt. In anderen Fällen, etwa in dem eines Dramas mit einem herumhopsenden König, kann das interessierte Publikum als diejenige Instanz angesehen werden, um deretwillen so etwas wie eine Theatervorstellung ins Werk gesetzt worden ist.

Die argumentativen Voraussetzungen für einen produktiven Vorgang lassen sich leicht in das früher erläuterte Schema des Praktischen Schlusses fassen, etwa nach dem Muster:

Huck muß sich vor Regen schützen – der Bau des Zeltes stellt für ihn das rechte Mittel dar, um dem Naßwerden vorzubeugen – ergo baut er das Zelt. Man sieht leicht, daß die eigentlich interessanten Fragen, anders als im Fall der Organisation rechten Handelns auf der Basis der Ethik und der Politischen Philosophie, damit nicht viel näher rücken. Die Folgerung erinnert lediglich an die Zweckbindung des Hergestellten und daran, daß ein Produzent irgendeine Vorstellung von dem Mittel haben müßte, das er ergreifen sollte, um den gewünschten Zweck zu erreichen. Für denjenigen, dem selbst an der Herstellung von Dingen liegt, ist der interessante Punkt jener der Verwirklichung der Konklusion, sozusagen des Know-how des Produzenten. Aristoteles verwendet in diesem Kontext den Ausdruck ›*technē*‹, der als Baustein einer Vielzahl moderner Begriffe überdauert hat, die sich ausnahmslos noch mit dem ursprünglichen Sinn verbinden lassen. Sie beziehen sich auf die Fähigkeit, etwas mehr oder weniger fachmännisch zu gestalten.

Daß damit ein Gegenstück zum Wissen über richtiges Handeln gegeben sein soll, leuchtet ohne Erklärung nicht ohne weiteres ein. Ist denn nicht jedes Machen auch ein Handeln, und läßt sich nicht jedes Handeln so auffassen, daß damit eine neue Situation hervorgebracht wird? So ist es in der Tat, und Aristoteles' bereits an anderer Stelle herangezogener Unterscheidungsvorschlag tangiert die aufgeworfenen Fragen nicht: Herstellen ziele im Gegensatz zum Handeln auf ›Werke‹ ab, auf etwas, das außerhalb der Tätigkeit des Handelnden liege (*Nikomachische Ethik*, VI,4, 1140b16), also zum Beispiel ein Zelt. Tatsächlich bezwekken Taten, wie die, daß sich jemand zum Schlaf niederlegt oder ein Boot rudert, kein Ergebnis in diesem Sinne. Dennoch gibt es zweifelsohne auch hier Resultate: den erholsamen Schlaf oder das schnelle Vorankommen mit dem Boot.

Der Nachvollzug der von Aristoteles in Angriff genommenen Verhältnisbestimmung von Praktischem und Produktivem wird deutlich erleichtert, wenn man sich von der Vorstellung trennt, die Verschiedenheit müsse sich in und an der Handlung selbst ablesen lassen. Wenn Huck rudert, um zu einem Bestimmungsort zu gelangen, dann hat er damit unbestritten sowohl eine mit ihrem Vollzug bereits gelungene Handlung vollzogen als auch – und dies im Einklang mit unserem Sprachgebrauch – ein Werk vollbracht. Die Einschätzung hängt davon ab, *wie* man das Geschehen auffaßt. Betrachten wir das Rudern von A nach B als Werk, so liegt auf der Hand, daß die Frage nach dem Mittel, das die Realisierung dieses Zweckes ermöglicht, irgendeine Art von sportlicher Geschicklichkeit ist, die Fertigkeit eben, halbwegs koordiniert mit Rudern umzugehen. Betrachten wir das Rudern von A nach B hingegen als ein Mittel zur Erreichung eines Zwekkes, so wird deutlich, daß das angestrebte Ziel für moralische Beurteilung offen ist. Den zuerst genannten Zusammenhang bewerten, hieße üblicherweise etwas darüber zu sagen, wie *gut* oder *schlecht* jemand zu rudern vermag. Die Einschätzung im zweiten Fall liefe daraus hinaus, den Sinn derartiger Rudertouren zu kommentieren, also beispielsweise Huckleberry Finns Tun als Beitrag zur Freundschaft mit Jim oder auch zu seiner Vorstellung von Gerechtigkeit gutzuheißen oder zu mißbilligen.

4.2 Arten und Rang des Herstellens

Die dargestellte Auffassung des Herstellens erfährt bei Aristoteles einerseits Verkomplizierung und anderseits weitere Erhellung, indem natürliche und ›künstliche‹ sowie in diesen Hinsichten gemischte Produktionen auf das nämliche Modell bezogen werden. Ob etwas ohne menschliche Einwirkung oder im Zuge eines handwerklichen Prozesses wie des Zeltbaues entsteht, nimmt sich der Struktur nach gleich aus. Stets geht es auf der Grundlage der Ursachenlehre um eine veränderliche Materie, die durch Einwirkung vermittels eines Werkzeuges in bestimmter Weise Formung erfährt.

Ein aussagekräftiges und für die weitere Differenzierung hilfreiches Beispiel, das zudem den Vorzug hat, die Integration menschlichen Herstellens in den Naturprozeß zu unterstreichen, erhalten wir, wenn wir Aristoteles' bereits früher erwähnte Interpretation der Zeugung bedenken: Die Natur bewirkt mit Hilfe des Samens die Veränderung eines im weiblichen Körper vorfindlichen Stoffes (Aristoteles hielt irrtümlicherweise das Menstruationsblut für diese Materie) zu einem Lebewesen – ein Geschehen in Analogie zur Arbeit des Handwerkers, der einen Gegenstand herstellt (*Entstehung der Lebewesen* I,21, 730a2727ff.).

Das Exempel belehrt zugleich über die Grenzen der Analogiebildung. Wiewohl der gemäß Aristoteles' einseitigem Verständnis allein tätige Produzent Mann durchaus eine genau umrissene Zielvorstellung in der Art eines Wunschkindes haben mag, ist aller Erfahrung nach seine Bestimmungsmöglichkeit von Nachkommenschaft beschränkt. Er initiiert einen Prozeß mit Hilfe dessen, was die Natur im Körper der Frau und in seinem eigenen bereitstellt; die Ontogenese seines Kindes mag durchaus das vom Zeugenden Erwünschte zum Ergebnis haben, aber dieses Ergebnis resultiert aus dem Ablauf bestimmter ›natürlicher‹ Abläufe, die sich unabhängig von bestimmten Einzelpersonen und ihren Vorstellungen erfassen lassen. Vergleichbare Verpflichtungen lassen sich auch dort ersehen, wo ein Zelt gebaut oder sonst ein Gegenstand hergestellt wird. Produktives Wissen bringt nur im Rahmen der Naturabhängigkeiten etwas hervor. Und die verschiedenen Möglichkeiten des Menschen, etwas herzustellen, haben damit zu tun, welche Naturgegebenheiten jeweils in welchem Ausmaß involviert sind.

Ein *Arzt,* begriffen als Produzent der Gesundheit, hat es mit dem seine Einkommensmöglichkeiten schmälernden Umstand zu tun, daß die Natur viele Menschen gesund erhält (dem Vernehmen nach sollen die chinesischen Mediziner deshalb in alter Zeit ihr Geld für die Zeit des Gesundbleibens berechnet haben). Das Erzeugnis, welches das Angebot des Arztes ausmacht, ist bei den meisten Menschen ohne sein Zutun bereits vorhanden (*Metaphysik* VII,9, 1034a9). In anderen Fällen gibt es keine spontan entstandenen Konkurrenzprodukte. *Baumeister* Hucks Zelt beispielsweise hat die Natur nicht im Angebot, wenngleich es auch hier allerlei Vergleichbares gibt, etwa Höhlen, durch Strauchwerk geschützte Lagerplätze u. a. m.

Übrigens sind einige erfreuliche technische Errungenschaften der Neuzeit der Natur abgeguckt – und heute gibt es einen ganzen Wissenszweig, die Bionik, die sich allein auf die Verwertung von Patenten der Natur spezialisiert hat. Daidalos und der Schneidermeister von Ulm sind ihre berühmtesten Aegiden.

Noch aktuell ist auch die von Aristoteles getroffene Feststellung, daß produktives Wissen nicht immer in die Tiefe gehen, sondern man je nach Gebiet und Besonderheit der Tätigkeit in unterschiedlichem Maße über die Naturzusammenhänge Bescheid wissen muß. Huck kann ein ausgezeichnetes Zelt errichten, falls er über Material und Statik soviel weiß, wie man im Alltag vermittelt bekommt. Ein Architekt hingegen sollte den Horizont der gewöhnlichen Erfahrung schon ein wenig hinter sich gelassen haben und in die Höhen theoretischer Kenntnis emporgestiegen sein. Zu Anfang des ersten Buches der *Metaphysik* trifft Aristoteles eine auf solche Forderungen zielende Unterscheidung zwischen Künstlern und Handwerkern, wobei als Künstler diejenigen eingeschätzt werden, die etwas über die Gründe für ihr produktives Tun sagen können (981b4 ff.). Die Künstler liegen damit bereits auf der Bahn der Wissenschaftler, die den Erwerb theoretischen Wissens ohne Rücksicht auf handwerkliche oder technische Verwertungsmöglichkeiten anstreben. Die deutliche Abwertung des Handwerkers ist ein wissenschaftshistorisch bedeutsames Faktum, das mit der wissenschaftlichen Revolution der Neuzeit wieder in den Blick gekommen ist und seitdem als retardierendes Moment des Erkenntnisfortschrittes gilt. Dabei ist die augenfällige Geringschätzung der ›Banausen‹ – der Anlaß für den heutigen Umgang mit dem griechischen Wort für Handwerker wird an solchen Stellen deutlich – eher Ausdruck als Grund für die problematische Beziehungslosigkeit mit bestimmten wissenschaftlichen Vorgehensweisen. Wie aus der Behandlung technischer Konstruktionen in der – wenngleich nicht authentischen, aber mit gutem Grund Aristoteles' Schriften zugeordneten – *Mechanik* (878a) hervorgeht, sieht man in seiner Schule im Ergebnis handwerklicher oder künstlerischer Aktivität eine Störung des eigentlichen Ganges der Natur, die dem Menschen dienlich gemacht werden soll. Das hat zur Konsequenz, daß zwar Naturkenntnis in diesem oder jenem Umfang beim Herstellen einer Sache helfen mag, aber umgekehrt der technisch, d.h. durch Experimentierkunst erzeugte Sachverhalt uns keine Belehrung zu geben vermag. Ähnlich hat zwei Jahrtausende später Goethe gegen Newtons ›künstliches‹ Licht und die Benutzung des Prismas in der Optik argumentiert.

Philosophisch bedeutsam sind vor allem zwei Gegenpositionen, von denen die eine zum modernen Gemeingut geworden ist und von Kant in der *Kritik der reinen Vernunft* umrissen wird: »Als Galilei seine Kugeln die schiefe Ebene mit einer von ihm selbst gewählten Schwere herabrollen, oder Torricelli die Luft ein Gewicht, was er sich zum Voraus dem einer ihm bekannten Wassersäule gleichgedacht hatte, tragen ließ, oder in noch späterer Zeit Stahl Metalle in Kalk und diesen wiederum in Metall verwandelte, in dem er ihnen etwas entzog und wiedergab; so ging allen Naturforschern ein Licht auf. Sie begriffen, daß die Vernunft nur das einsieht, was sie selbst nach ihrem Entwurfe hervorbringt, daß sie [...] die Natur nötigen müsse, auf ihre Fragen zu antworten, nicht aber sich von ihr allein gleichsam am Leitbande gängeln lassen müsse [...].« (BXII/XIII)

Der andere Gegenentwurf kontrastiert noch deutlicher, insofern das Herstellen vom theoretischen Erfassen gänzlich getrennt wird. Das sich im Tun des Handwerkers oder Künstlers manifestierende produktive Wissen wird nach diesem Ansatz als selbständige Erkenntnis angesehen. Maimonides (1135–1204), der sonst weithin Wege des Aristoteles beschreitet, ist der bedeutendste Vertreter dieser Richtung. Zur Illustration der These des besonderen Charakters von Kenntnissen, die sich auf das Herstellen beziehen, dient ihm eine der zeitgenössischen Wasseruhren (*Führer der Unschlüssigen* III,31): Die in diesem Instrument sichtbaren Abläufe verdanken sich den Vorstellungen des Konstrukteurs und liefern einem anderen Betrachter zwar Einsichten, aber eben keine hinsichtlich der Natur, sondern lediglich solche in bezug auf den Wirkungsmechanismus, eben wachsende Anteile des Herstellungswissens. Aus der bisherigen Erfahrung hingegen oder daraus erwachsenem theoretischem Wissen können wir die Vorgänge im Chronometer nicht ableiten.

Über die Vorzüge und Kosten dieser Auffassungen auf knappem Raum zu urteilen, ist nicht ganz angemessen, aber ein paar Hinweise mögen andeuten, welche philosophische Komponenten in entsprechende Stellungnahmen eingehen. Ob man eher Aristoteles oder Kant recht zu geben bereit ist, hängt von grundsätzlichen Entscheidungen ab. Diese könnten auf Festlegungen darüber hinauslaufen, worauf die Wissenssuche des Menschen abzielt, ob auf Wirklichkeit in einem umfassenden Sinne oder eben eine wissenschaftliche Idealisierung. Wenn letzteres der Fall wäre – wofür man mit Blick auf die Abhängigkeit von ›künstlichen‹ Eingriffen und das Argument, von ersterer ließe sich gar kein Begriff bilden, plädieren könnte –, wäre die Sache gegen Aristoteles entschieden. Aber dies hätte zur Bedingung, daß eine verbindliche Theorie des Erkennens (etwa die Kantische?) vorläge, der sich Aristoteles' Auffassungen von Wissen fügen müßte. Es braucht nicht erst ausgeführt werden, daß derlei bislang nicht ausgemacht und vielleicht sogar überhaupt unentscheidbar ist.

Was den Gegensatz zu Maimonides anbelangt, so ließe sich

mit Aristoteles zu bedenken geben, daß die Vorgänge in der Wasseruhr zwar in der Tat durch ein Herstellungswissen bedingt sind, dieses aber wiederum von vorgängiger anderer Kenntnis abhängt, z. B. hinsichtlich der Eigenart von fließendem Wasser und des Verhaltens fallender Körper. Demnach mag Maimonides zumindest für den von ihm exemplifizierend herangezogenen Bereich technischer Konstruktion schlicht Unrecht haben. Die möglichen Motive für eine überzogene Sonderung des Herstellungswissens liegen in seinem Fall ohnehin auf der Hand, da es für ihn letztlich stets um einen *Schöpfer*gott geht, dessen Produkte und weiteres Wirken sich menschlicher Einsicht nur nach göttlichem Belieben eröffnen. In welchen Hinsichten sich jener Gott, auf den sich Aristoteles im XII. Buch der *Metaphysik* und andernorts bezieht, mit dem von Maimonides im Glauben an den ersten Satz des I. Buches der *Torah* zur Deckung bringen läßt, ist ein eigenes Thema. Aber es erhellt die Sache ein wenig, wenn man daran erinnert, daß Aristoteles sich Gott als einen selbst unbewegten Beweger denkt, der die Ewigkeit der Welt und die ewigandauernde Bewegung in ihr ermöglicht, sie aber nicht ›macht‹. Bei dem Zusammenhang dieses Gedankens mit seiner Vorstellung von Veränderung haben wir bereits beim Thema ›Forschen‹ kurz Station gemacht.

Ein paar Jahrhunderte später hat Giambattista Vico (1668–1704) mit seiner berühmten These, wonach das Wahre und das Gemachte ineinsfallen, einen erkenntnismäßigen Vorrang für diejenigen Disziplinen in Anspruch zu nehmen versucht, die es mit den Hervorbringungen des Menschen zu tun haben. Vico macht sich damit in besonderem Maße zum Anwalt von Poetik und Rhetorik (letztere war übrigens sein eigenes Universitätsfach) und somit der einzigen produktiven Disziplinen, deren Bearbeitung durch Aristoteles uns in nennenswertem Umfang überliefert ist.

4.3 Rhetorik

Im Rahmen der Auffassung des Herstellens steht ›Rhetorik‹ für den Fall, wo es um das Verfertigen von überzeugenden Reden geht. Sie ist die Fähigkeit, zu jedem Thema die passenden Überzeugungsmittel zu finden (*Rhetorik*, I,2, 1355b25). Aristoteles sieht sie verschwistert mit der *Logik* und der *Dialektik*, d. h. Formen der korrekten Umsetzung und argumentativen Erzeugung von Wissen.

Die schon im Zusammenhang mit dem Forschen erwähnte Logik hat es nach Aristoteles mit dem zu tun, was wahr ist (*Topik* I,1, 100a25 ff.). Der Einsatz in einen Syllogismus ist ein Deduzieren, d. h. Argumentieren im Sinne eines Beweises. Die Dialektik bezieht sich für gewöhnlich – die früher einbezogene strengere Fassung in der *Ersten Philosophie* lassen wir hier außer acht – auf Urteile, deren Geltung nicht durch diese selbst, sondern pragmatisch ausgewiesen sind, indem Fachleute sich über eine Sache verständigt haben (*Topik* I,1, 100b18 ff.). Für die Bewertung von Schlußverfahren besagt dies, daß die Prämissen und damit auch die Konklusionen ihre Gültigkeit lediglich auf eine personelle Wahrscheinlichkeit gründen. Das Verfahren, für das jeweils anstehende Problem die jeweils passenden Wahrscheinlichkeitsschlüsse zu verwenden, nennt Aristoteles ›Topik‹, was denn auch der Titel der einschlägigen Frühschrift ist.

Die Rhetorik umfaßt zum nicht geringen Teil dialektische Argumentationen, löst aber die Abhängigkeit vom Konsens der Expertenrunde und zielt auf die Überzeugung eines Publikums. Der gewünschte Effekt verdankt sich aus Aristoteles' Sicht nicht allein der Gedankenführung d. h. nicht allein dem stringenten Aufbau, der geschickten Zuordnung von Meinung und plausibler Begründung. Vielmehr soll die kunstfertig überzeugende Rede durch das Vertrauen der Zuhörer in die Integrität des Sprechers und durch Aufnahmebereitschaft für seine Mitteilung begünstigt werden (*Rhetorik* I,2, 1356a1 ff.).

Um die Rezeptionsbereitschaft zu wecken und in die gewünschte Auffassung umzusetzen, muß der gute Redner ein Kenner des Gemütes sein und sich auf sein jeweiliges Publikum einstimmen. Dabei geht es durchaus beispielsweise darum, der Eitelkeit der Menschen Rechnung zu tragen. Er soll sich bemühen, den Angesprochenen im lebenskundlichen Sinne klug, tugendhaft und voll guten Willens zu erscheinen (*Rhetorik* II,1, 1378a11 ff.). Dies wird umso leichter, je eher der Redner dem Ideal tatsächlich nahekommt, womit die Inhalte rhetorischer Erziehung mit dem Wissen über das richtige Handeln verbunden werden. Hinsichtlich der Äußerlichkeiten der Rede dringt er auf sorgsame Vortragsweise, Klarheit des Stils, Anschaulichkeit der Beispiele, Übersichtlichkeit, Ausdrucksfülle, Bildhaftigkeit u. a. m.

Nach der Art der jeweiligen Zuhörerschaft unterscheidet Aristoteles *politische* und *forensische* Reden sowie solche aus *festlichem* Anlaß:

Politische Rhetorik nennt die Voraussetzungen angemessener Rede in staatlichen Angelegenheiten, darunter die Kenntnis der Herrschaftsformen, der Mechanismen ihrer Veränderung usw. (*Rhetorik* I,8, 1365b29 ff.). Der angemessene Einsatzort ist die Stätte der Volksversammlung, und dort stehen für gewöhnlich bestimmte Handlungsalternativen (Krieg oder Frieden, Annahme oder Verwerfung eines legislatorischen Vorschlages, Bereitstellung oder Verweigerung von Finanzen usw.) zur Debatte.

Den Orientierungsrahmen für die Bevorzugung oder Ablehnung einer politischen Handlungsmöglichkeit bildet auch für den Redner das, was das Handlungswissen für ein Individuum vorsieht und die Philosophie der Politik auf das Gemeinwesen bezieht: Glück, Freundschaft, Gerechtigkeit, Ehre, Tapferkeit u. ä. m. (*Rhetorik* I,6, 1362a23 ff.).

Während die politische Rede dem Zweck dient, die Zukunft des Staatswesens in der gewünschten Weise zu beeinflussen, thematisiert die angemessene Gerichtsrede vorrangig ein vergangenes Geschehen. Sie bereitet die gewünschte Beurteilung einer Tat vor, wobei der Redner zuvor selbst zu einer angemessenen Einschätzung gelangt sein muß. Dieser Bedingung wird dadurch genügt, daß die Tat in ein Verhältnis zu den Motiven des Täters und zum Recht gesetzt wird. Ein Unrecht begehen, heißt für Aristoteles, vorsätzlich gegen das Gesetz zu verstoßen (*Rhetorik* I,8, 1365b29ff.). Als Gründe für unrechtes Tun werden Verderbtheit und moralische Schwäche genannt. Die inhaltlichen Voraussetzungen überzeugender forensischer Rede sind demnach das, was bis heute als Voraussetzung guter juristischer Arbeit gilt: nicht allein Kenntnis der Rechtslage zu haben, sondern auch Menschenkenner zu sein. Die von Aristoteles erfaßte Angewiesenheit der juristischen Erfassung auf lebenspraktische Erfahrung wird an kaum einem literarischen Beispiel klarer als an dem des neuen Richters in Mark Twains Buch, der – wie der Autor sagt – »den Alten nicht kannte«, alles falsch einschätzt und Huckleberry Finn wieder seinem Vater ausliefert.

Beim dritten Redetyp, der Festansprache, geht es im wesentlichen nur um Persönlichkeitsbewertung – sei es, um jemandem die Ehre zu erweisen, sei es, um ein Mißfallen auszudrücken (*Rhetorik* I, 31358b27ff.). Insofern hier Lob oder Tadel, Klage oder Dank ansteht, eignet dieser Sorte Ansprachen keine Handlungsrelevanz, wenngleich die praktische Dimension wegen der Musterhaftigkeit jedweden Tuns stets gegenwärtig ist. Der Rede obliegt es, das Muster unter guten oder schlechten Vorzeichen darzustellen.

4.4 Poetik

Was von Aristoteles' Ausführungen über die Dichtung überliefert wurde, ist vermutlich dasjenige, was von sämtlichen seiner Überlegungen heute noch einem breiten Publikum am ehesten als vertraut gilt. Speziell die Dramenbehandlung der Schulen bezieht sich mit mehr oder weniger Berechtigung auf die ›drei Einheiten‹ von Ort, Zeit und Handlung, ›Katharsis‹, ›Peripetie‹ sowie ›Furcht und Mitleid‹ – nicht zu vergessen den im Anschluß an Brecht vielberedeten Gegensatz von aristotelischem und nichtaristotelischem Theater. Das ist insofern erstaunlich, als die einschlägige Schrift, die *Poetik,* äußerst sperrig formuliert und überhaupt nur fragmentarisch erhalten ist. So mag es denn auch nicht verwundern, wenn sich das populäre Verständnis teilweise nur in verwickelter Form auf den Inhalt des Werkes beziehen läßt, wie auch umgekehrt wesentliche Aspekte der aristotelischen Gedankenführung in der geläufigen Sicht keine oder zumindest keine gleichgewichtige Entsprechung haben.

Ein erstes Indiz für die Eigenart der Konzeption liefert bereits der Umstand, daß der mit ›Dichtung‹ wiedergegebene griechische Ausdruck *poíēsis* auch allgemein für das Machen steht. Im fraglichen Text erwähnt Aristoteles neben Literarischem beispielsweise auch den Tanz und bestimmte Weisen des Musizierens. Der berühmte Schlüsselbegriff für die Auszeichnung des ›Poetischen‹ ist derjenige der *mimēsis,* für gewöhnlich übersetzt mit ›Nachahmung‹, die sich z. B. durch Rhythmus, Wörter oder Harmonie ereignen kann (*Poetik* 1, 1447a21 f.). Es gibt demnach bestimmte Arten menschlicher Hervorbringungen, die sich von anderen dadurch unterscheiden, daß sie etwas nachahmen. Es ist nicht ganz leicht, das von Aristoteles vermutlich Gemeinte mit Hilfe des deutschen Begriffs zu erläutern. Aber alle bisher geäußerten Skrupel fachkundiger Philologen haben zwar Vorschläge, aber keine neue Sprachregelung auf den Weg gebracht, so daß wir nicht umhin können, uns mit der Rede vom Nachahmen ein wenig zu plagen.

Was bedeutet Nachahmen im Kontext eines Herstellens, was wird nachgeahmt, und was veranlaßt solches Tun?

Beginnen wir mit dem letzten, dem einfachsten. Etwas nachzuahmen, kommt uns zum einen deshalb in den Sinn, weil wir im Gegensatz zu den Tieren überhaupt dazu befähigt sind, zum anderen, weil uns die Betrachtung von Nachgeahmtem Freude bereitet (*Poetik* 3, 1448b4ff.).

Der Hinweis auf den Effekt ist sehr wichtig, weil Aristoteles ihn mit einigen Nachsätzen erläutert, die als erster Korrekturschritt in bezug auf ein mit dem deutschen Wort ›Nachahmung‹ nahegelegtes Mißverständnis aufgefaßt werden können. Die Freude entsteht nämlich nicht durch eine möglichst realitätsnahe Darstellung, sondern im Zuge unserer Bemühungen, das, wofür die Nachahmung steht, zu identifizieren. Das Vergnügen an der Nachahmung hängt davon ab, daß ein Werk uns Raum für solche *Aktivitäten* läßt. Jene berühmten naturgetreuen Bilder des Appelles, die angeblich Insekten und Vögel angelockt haben sollen, wären sowenig Muster erfreulicher Nachahmung wie etwa ein ohne Zögern akzeptiertes Spiegelbild. Passenderweise nimmt die von Ovid mitgeteilte und heute vernehmlich in der Seelenkunde zitierte Freude des Narziß an der Widerspiegelung seiner selbst der Sage nach ihren Anfang mit dem *Nicht*-Erkennen und dem Versuch, den fremden Jüngling zu umarmen.

Aristoteles' Hinweis auf den Aufwand beim Umgang mit Nachahmungen entzieht seine Konzeption einem gewichtigen Einwand und läßt zugleich ahnen, warum Mimesis in die Sphäre des Produktiven fällt. Wäre die Nachahmung gedacht als Kopie, die zeigte, wie »etwas wirklich ist«, wäre sie als unschöpferisches und je nach erkenntnistheoretischer Sicht so oder so illusionistisches Unterfangen konzipiert. Stets wird seitens des Produzenten wie des Rezipienten klassifiziert, analysiert, konstruiert usw. »Kunst ist kein Abbild der realen Welt. Eine ist mehr als genug«, lautet die von Nelson Goodman (geb. 1906), einem der herausragenden zeitgenössischen Erkenntnis- und Kunsttheoretiker, kolportierte Redensart, die bestens mit der von Aristoteles gesetzten Mimesis-Vorstellung harmoniert.

Einen anderen, in die nämliche Richtung gehenden Fingerzeig enthält die von Aristoteles vorgenommene Grenzziehung zwischen Dichtung und Historie. Die entsprechenden

Bemerkungen der *Poetik* gehören in den größeren Zusammenhang des antiken Streites zwischen Dichtung und Wissenschaft und mögen auch im Blick auf die moderne Antithetik der »zwei Kulturen« (C. P. Snow) noch Aufmerksamkeit verdienen. Platon hatte sich aus Überzeugung wie auch unter dem Konkurrenzdruck der auf literarische Bildung abhebenden Sophisten gedrängt gesehen, die Dichtung als Lügengebilde zu behandeln, das sich dem Rauschzustand des Produzenten verdanke (*Ion* 533d ff.). Im zehnten Buch des *Staates* wird dieser Vorwurf systematisch gefaßt: Das Herstellen von Dingen stellt eine Aktivität niederen Ranges dar, insofern sie sich an die Trugbilder unserer Wahrnehmung hält. Dichterische Nachahmung bedeutet demnach, noch einmal nachzulegen, also schlechte Nachahmung nachzuahmen. Aristoteles setzt dem im 9. Kapitel der *Poetik* nicht allein die früher tangierte Rehabilitierung der Sinne entgegen, sondern er lockert zugleich das von Platon gesetzte Abbildverhältnis zwischen der bei ihm ideell gefaßten Wirklichkeit und dem nachahmenden Werk: Die Dichtung zielt nicht allein auf das, was ist, sondern auf das, was sein *könnte*. Zu sagen, daß die Dichtung Mögliches nachahmt, ist nicht gleichbedeutend mit der Aussage, sie ahme Irreales nach. Abweichend vom zuweilen üblichen Sprachgebrauch und in Übereinstimmung mit seinen eigenen Vorstellungen über Modalitäten besagt die Bestimmung, daß Dichtung nicht an Tatsachen gebunden ist. Sie kann diese sowohl aufnehmen als auch vernachlässigen. Das wirklich Geschehene ist selbstredend möglich – sonst hätte es sich nicht ereignen können.

Etwas Mögliches nachzuahmen, bedeutet, etwas zu konstruieren, wobei der Umfang des Eigenanteils eine gewisse Einschränkung durch historische Vorlagen erfahren kann. Stellen wir die Frage, wie dies genau vonstatten geht, noch ein wenig zurück und schauen uns an, wie sich das Mögliche, auf das sich die dichterische Produktion bezieht, konkretisieren soll. Aristoteles gibt an, die dichterische Nachahmung gelte den *Handlungen* bzw. handelnden Menschen (*Poetik* 2,

1448a1ff.), so daß die Dichtung menschliche Handlungsmöglichkeiten thematisiert. Eine andernorts angedeutete und in der *Poetik* als Selbstverständlichkeit vorausgesetzte Folgerung daraus ist übrigens die, daß kleine Kinder und Tiere als poetisches Personal schlecht in Frage kommen, da sie nicht im eigentlichen Sinne als handlungsfähig angesehen werden (*Physik* II,6, 197b7). Für uns als die Zeitgenossen Lassies und Flippers gewiß eine recht ungebührliche Einschränkung. Das Produkt der poetischen Anstrengung im Blick auf ernstzunehmende Handlungsträger ist im Falle des Theaters eine Aufführung, in anderen Fällen eine verspottende oder preisende Darstellung in der Art eines Gedichtes oder die Schilderung im Epos.

Damit wird das Handeln in den Mittelpunkt von Dichtung gerückt. Sie wird praktischem Wissen verpflichtet, insofern sie Handlungsvorlagen erfaßt und repräsentiert. Andererseits aber geht sie im praktischen Wissen nicht auf. Situieren wir sie deshalb genauer: Der Gegenstand, von dem sie handelt, liegt zwischen dem Gegenstand des praktischen Wissens und dem, wovon der Historiker berichtet. Denn sie zielt auf die Charakteristika bestimmter Handelnder, während sich das Handlungswissen auf allgemeine Eigenschaften des Menschen überhaupt bezieht und der Historiker individuelle Züge einzelner Personen betrachtet (*Poetik* 9, 1451a36ff.).

Aristoteles variiert diesen Gedanken im Zuge einer entwicklungsmäßigen Deutung der ihm vertrauten Dichtung im Sinne eines Fortschrittsgeschehens. Der älteren Poesie sei es um Lob oder Schimpf von Individuen zu tun gewesen, wohingegen die dramatische Kunst sich als generalisierende entfaltet habe (*Poetik* 5, 1449b7f.). Aus dieser Wertung ergeben sich verschiedene *formale* und *inhaltliche* Konsequenzen hinsichtlich der Auswahl aus dem Fundus menschlicher Handlungen, ihrer Organisation und der Entscheidung für bestimmte Handlungsträger. Verlangt wird Modellhaftigkeit (was nicht gleichbedeutend mit Musterhaftigkeit ist) für eine Allgemeinheit, vertreten durch ein Publikum.

Um derart Modellhaftes überhaupt entfalten zu können (aber auch um der Ausgangsidee willen, das Dichten sei ein Herstellen), müssen die darzustellenden Handlungen eine Struktur haben, die Handlungen müssen zu einem sinnvollen Ende gebracht werden. Sonst bliebe das Hergestellte etwa so halbfertig wie das wirre Bündel aus Stangen, Schnüren und Planen, dem noch einiges zum guten Zelt fehlt. Die dichterische Handlung soll deshalb ein begrenztes Ganzes sein, sich erstreckend von einem Anfang über eine Mitte bis zu einem Ende. Der entsprechende Begriff für ein derart organisiertes Geschehen ist der des *Mythos*.

Man sieht leicht, daß Huckleberry Finns einziges Theatererlebnis – die im Kapitelkopf zitierte Vorstellung der beiden Gauner – in seiner Wertlosigkeit bestätigt wird: Der Auftritt hat nichts mit einem Mythos zu tun. Es gibt nichts als ein Spektakel, dessen Anfang und Ende beliebig sind. Wenn der ›König‹ bemalt auf der Bühne umherhopst, handelt es sich nicht nur um keine Tragödie, auch nicht – anders als Mark Twain in diesem Zusammenhang vermutet – um eine Komödie, sondern um eine Aktion anderen Typs. Falls hier überhaupt etwas hergestellt wird, dann eine Art Sedativum zur Beschwichtigung von Leuten, die ihr Eintrittsgeld zurückverlangen könnten.

In der guten Darstellung eines Mythos sind alle Handlungsteile obligatorisch, es darf nichts fehlen und nichts Überflüssiges vorhanden sein (*Poetik* 8, 1451a30ff.). Die Grenzen der zeitlichen Ausdehnung werden durch die Gegebenheiten menschlicher Wahrnehmung diktiert. Demnach sollen sich die Abschnitte der Dichtung so organisieren, daß sie sich einerseits voneinander abheben, andererseits ein Übermaß von Späterem nicht die früheren Phasen löscht.

Die Unterlegenheit des Epos zeigt sich u. a. in der Unbeschränktheit seiner Dauer, was komplementär besagt, daß für das Drama eine Einschränkung getroffen wird: Es soll nicht erheblich über die Spanne eines Sonnenumlaufes hinausgehen (*Poetik* 5, 1449b12ff.).

Des weiteren ist die Abfolge der Teile des dramatischen Werkes so zu bemessen, daß – und damit tritt die inhaltliche Seite der aristotelischen Regelungen in den Vordergrund – die Reihung der einzelnen Phasen einen Umschlag vom Glück (hier nicht prozeßhaft verstanden und mit einem anderen griechischen Ausdruck als im Bereich des Handlungswissens benannt) ins Unglück oder umgekehrt mit sich bringt (*Poetik* 7, 1451a12ff.). Die erste Möglichkeit hat ihr gattungsmäßiges Korrelat in der Tragödie, die zweite in der Komödie.

Wie jeder Leser von Umberto Ecos *Name der Rose* weiß, ist der ausführlich die Komödie erörternde Teil der *Poetik* verlorengegangen. Die wenigen Anmerkungen ergänzen die Bestimmung der Handlungstendenz nur geringfügig und beziehen sich in erster Linie auf den Ursprung der Gattung sowie darauf, daß die Handelnden noch schlechter dargestellt werden sollen, als es nach allgemeiner Lebenserfahrung zu erwarten wäre (*Poetik* 2, 1448a17f.).

Formen, die eine sich im genannten Umfang erstreckende Handlung annehmen kann, sind – wenn man die dunklen Unterscheidungen des 18. Kapitels der Poetik ignoriert – die *einfache* (*Poetik* 10, 1452a11ff.), bei der sich ein Geschehen von Anfang bis Ende auf vorsehbare Weise vollzieht, und die *komplexe*. Bei dem zweiten Typ gibt es gegenläufige Entwicklungen mit dem Effekt, daß ein Handlungsumschwung *(Peripetie)* sowie eine Wiedererkennung *(Anagnōrisis)* statthaben.

Für die *Tragödie* gibt die *Poetik* recht detailliert Auskunft über den konkreten Gehalt dieser Strukturierung und bezieht sich vielfach auf überlieferte Stücke. In nahezu idealer Weise sieht Aristoteles seine Vorstellungen durch den *Oidipus Tyrannos* des Sophokles exemplifiziert. Der mit allen Kräften um die Ergreifung des Mörders seines Vorgängers bemühte Ödipus muß erkennen, daß er selbst der Gesuchte ist, und wird zum geblendeten Bettler. Das komödiantische Seitenstück kennen wir aus dem Fall des Dorfrichters Adam in Kleists *Der Zerbrochene Krug*. Solche einzelnen Verbindungen der in diesen Belangen auf das Sophokles-Stück zugeschnittenen *Poetik* mit bekannten Exempeln unserer literarischen Tradition sollten aber nicht übersehen machen, daß das Schema komplexer Handlung, konturiert durch Glücksumschwung und Anagnorisis, mit dem Aufkommen der Kriminalgeschichte im vorigen Jahrhundert eine unbestreitbare Ubiquität erlangt hat. Wenn Sherlock Holmes, Kojak oder Perry Mason im Einsatz sind, tun sie für gewöhnlich nichts anderes, als den zu entdecken, der's halt war, und diesen von einem angenehmen in einen unangenehmen Zustand zu versetzen.

Über diese strukturelle Ähnlichkeit hinaus sind allerdings im allgemeinen weder die modernen Detektive noch die von ihnen überführten Übeltäter Handelnde eines tragischen Geschehens. Dazu tragen in der Hauptsache zwei Umstände bei, von denen der eine mit ihrem moralischem Rang, die andere mit der Art ihres Handelns zusammenhängt. Mit letzterem ist gemeint, dem Betroffenen müsse ein bedeutender Fehler *(hamartia)* unterlaufen sein (*Poetik* 13, 1453a10). Diese Klausel hat eine Fülle von mehr oder weniger produktiven Mißverständnissen gezeitigt und damit einem beträchtlichen Teil europäischer Theatergeschichte eine bestimmte Richtung gegeben. Liegt es doch in der christlichen Tradition nahe, den Fehler von Gestalten wie denen des Ödipus als Schuld vor dem Hintergrund göttlicher Gerechtigkeit zu interpretieren, die am Ende des Dramas gesühnt werde. Und demgemäß sind bekanntlich diverse tragische Helden des neuzeitlichen Dramas mit moralischen Defekten ausgestattet. Im *König Lear* läßt Shakespeare Edgar die zugrundeliegende gedankliche Figur eindrucksvoll formulieren (V. 170ff.):

Die Götter sind gerecht, aus den Freuden unserer Laster
Erschaffen sie das Werkzeug, uns zu quälen.
Der dunkle, lasterhafte Ort, wo er Dich zeugte,
Hat seine Augen ihn gekostet.

(Übers. v. A. W. Schlegel)

Im Kontrast dazu hat das griechische Wort *›hamartia‹* nichts mit schuldbringenden Lastern zu tun. Es bezieht sich auf Fehlerhaftes eher im erkenntnismäßigen als im moralischen Sinne (*Nikomachische Ethik* VI,10, 1142b10), auf falsche Einschätzungen, wie sie lasterarmen Durchschnittsmenschen jederzeit unterlaufen können. Es gibt keine Verfehlung – nach damaliger griechischer Moral stellt die Tötung eines Fremden an einer Wegkreuzung gewiß keine solche dar –, die Aristoteles' Muster Ödipus als gerecht bestraft erscheinen ließe.

Der Hinweis auf durchschnittliche moralische Verhältnisse bringt einmal mehr diejenigen ins Spiel, für die das Stück gedacht ist. Der tragisch Handelnde ist nicht Herr Omnis, eher etwas besser, aber er sollte das Publikum nicht zu weit überragen. Der Zuschauer soll ihn als ähnlich empfinden, was bei vollkommener Makellosigkeit nicht möglich wäre (*Poetik* 13, 1453a4ff.). Das eigentliche Kriterium der Eignung als zentraler Akteur der Tragödie ist die damit verbundene Disposition, bestimmte Wirkungen zu erzielen. Nach der Zuschauerpsychologie des Aristoteles würde der Niedergang eines Bösewichts oder eines Ritters ohne Furcht und Tadel keine stärkeren Affekte als Genugtuung oder Ärger bzw. Empörung auslösen. Dies sind Gefühle mit objektivierenden Momenten, insofern darin Vergleiche mit tatsächlichen und wünschenswerten Handlungsverläufen eingehen.

Aristoteles postuliert mehr: Lessing nennt es im 74. und den folgenden Stücken der *Hamburgischen Dramaturgie* ›Furcht und Mitleid‹, bei den von ihm gerügten Franzosen war statt von der Furcht vom Schrecken die Rede gewesen (was W. Schadewaldt vor einigen Jahrzehnten mit dem Begriffspaar ›Schauder und Jammer‹ variiert hat). Bei Aristoteles heißt es, daß die Tragödie durch diese Gefühle eine Befreiung, eine Reinigung *(Katharsis)* von Affekten bewirke (*Poetik* 6, 1449b24ff.).

Was mit dieser Festlegung gemeint wird, ist in mehrerer Hinsicht unklar. Die älteren Kommentare haben in dieser

Formel einen objektiven Genitiv gelesen, in der neueren Philologie wird der separative Genitiv favorisiert. Der Effekt der Tragödie bestünde in der Eliminierung oder aber in der Reinigung der Gefühle, in einer Art von Veredelung bzw. in der Umwandlung der Affekte in »tugendhafte Fertigkeiten« (Lessing). Der Vorzug letzterer Sichtweise liegt im Vergleich offen zutage: Die Auffassung, daß die Tragödie uns von Gefühlen befreie, mutet insofern reichlich absurd an, als wir andererseits ja ebendiese Gefühle der tragischen Handlung zu verdanken haben. Dieser Deutung folgend würden die Zuschauer der Tragödie an jenen Mann erinnern, der mit dem Kopf gegen die Wand läuft, weil es so schön ist, wenn der Schmerz nachläßt.

Bislang diskutiert worden sind zwei Möglichkeiten, die das aktuelle Verständnis der Tragödiencharakterisierung plausibel machen könnten. Die eine – durch die medizinische Tradition des Katharsis-Begriffs begünstigte – nimmt das Ganze als eine Art Nullsummenspiel: Den Zuschauer schaudert es, wenn er sieht, wie übel es einem von ihm selbst gar nicht so verschiedenen Menschen ergeht, und es überkommt ihn der Jammer darüber, daß sich ein Fehler derart verhängnisvoll auswirkt. Den Zusammenbruch der Situation des Handlungsträgers (›Held‹ wäre für eine Gestalt vom Zuschnitt Ödipus' sicher unpassend) erlebt der Zuschauer als Befreiung von den aufgespeicherten Affekten. Warum sich das Publikum derlei antut, könnte mit Aristoteles durch eine bestimmte Art von Lust erläutert werden, die sich beim Betrachten einer sachgemäß gestalteten tragischen Handlung – und nicht etwa wie beim erwähnten Witz durch bloßen Abbau eines Gefühls – einstellt (*Poetik* 14,1453b10ff.). Alfred Hitchcock mit der Konzeption des ›Thrillers‹ grüßt von ferne.

Die zweite Möglichkeit besteht darin, die Wirkung so zu beschreiben, daß ohnehin vorhandene negative Gefühle des Publikums durch den Handlungsablauf zunächst gesteigert werden, das entstandene affektive Übermaß letztendlich den

Kessel zum Überkochen bringt, und damit wieder eine gefühlsmäßige Erleichterung eintritt. Auch dieser Mechanismus ließe sich als Struktur eines lustvollen Vorgangs verstehen, mit dem Unterschied allerdings, daß der Zuschauer sich – und darin steckt ein wenig Wiederannäherung an Lessing – nach der Aufführung besser steht als zuvor.

Beide Interpretationen sind darauf angewiesen, daß sich die Theaterlust sinnvoll in Aristoteles' Auffassung vom menschlichen Leben integriert. Nimmt sich doch etwa Lessings eigene Konzeption dramatischer Tugendvermittlung bei oberflächlicher Betrachtung sehr viel eher so aus, als ließe sie sich mit Aristoteles' Ethik zur Harmonie bringen. Aber der Blick in die *Nikomachische Ethik* räumt das Problem umgehend aus. Die Lust an der Tätigkeit erst rundet diese ab, und zum vollkommenen Leben gehört selbstverständlich das Vergnügen (X,4, 1175a15f.), darunter dasjenige an der nachahmenden Darstellung schrecklicher Geschehnisse.

Daß Vergnügen sich selbständig machen und die anderen Bereiche unseres Tuns zu überwuchern vermag, ist nicht erst die Botschaft Neil Postmans. Wer Lust und Unlust auf die rechte Weise in sein Leben einbezieht, hat Aussicht darauf, aus sich einen trefflichen Menschen zu machen; wer es nicht tut, den erwartet das Gegenteil (*Nikomachische Ethik* II,2, 1105a12f.). Um ein Gefühl für den angemessenen Umfang eines Vergnügens aufgrund bloßer Rezeption der Handlungen anderer zu entwickeln, mag es nicht falsch sein, sich daran zu erinnern, daß die Bürgerschaft Athens nur an bestimmten Festtagen zum Dramenpublikum wurde.

Sonst gab es unübersehbar viel anderes, das zur mehr oder minder vergnüglichen Erledigung anstand – an erster Stelle die Inszenierung des *eigenen* Lebens.

Anmerkungen

Im folgenden werden einige Literaturhinweise gegeben, die inhaltliche Anlehnungen und Entlehnungen von Argumentationen in den einzelnen Kapiteln nachweisen, auch und gerade solche, die sich nicht im engeren Sinn auf Aristoteles beziehen.

Einleitung

W. Kneale, »Aristotle and the Consequentia Mirabilis«, *Journal of Hellenic Studies,* 77/1957, S. 62–66

D. A. Rohatyn, »The Protreptic Argument«, *International Logic Review,* 16/1977, S. 192–204

1. Ordnung der Welt

S. Atran, »Pre-theoretical Aspects of Aristotelian Definition and Classification of Animals: The Case for Common Sense«, *Studies in History and Philosophy of Science,* 16/1985, S. 113–165

St. J. Gould, »Eine Venusmuschel ist eine Venusmuschel«, in: ders., *Der Daumen des Panda – Betrachtungen zur Naturgeschichte,* Basel 1987, S. 215–24

2. *Forschen*

J. Barnes, »Medicine, Experience and Logic«, in: *Science and Speculation – Studies in Hellenistic Theory and Practice,* hg. v. J. Barnes u. a., Cambridge 1982, S. 24–68

R. Dawkins, *The Selfish Gene,* Oxford 1976 (dt. *Das egoistische Gen,* Berlin 1978)

G. Freudenthal, *Atom and Individual in the Age of Newton,* Dordrecht 1986

Th. S. Kuhn, »Verschiedene Begriffe der Ursache in der Entwicklung der Physik«, in: ders., *Die Entstehung des Neuen – Studien zur Struktur der Wissenschaftsgeschichte,* hg. v. L. Krüger, Frankfurt 1978

A. Naess, *An Empirical Study of the Expressions ›True‹, ›Perfectly certain‹ and ›Extremely Probable‹,* Oslo 1953

Ch. S. Peirce, *Collected Papers,* hg. v. C. Hartshorne / P. Weiss, Cambridge / Mass. 1931 ff.

M. Silnitzki, *Die Entstehung und Entwicklung der Syllogistik bei Aristoteles,* Diss. Köln 1988

P. Simons, *Parts – A Study in Ontology,* Oxford 1987

T. P. Smith, »Zur Anwendbarkeit eines Veränderungskriteriums«, *Ratio* 15/1973, S. 312–19

A. Stückelberger, *Einführung in die antiken Naturwissenschaften,* Darmstadt 1988

A. Tarski, »Der Wahrheitsbegriff in den formalisierten Sprachen«, *Studia philosophica,* 1/1935, S. 261–405

E. Tugendhat, *Vorlesungen zur Einführung in die sprachanalytische Philosophie,* Frankfurt / M. 1976

A. N. Whitehead / B. Russell, *Principia Mathematica,* Cambridge 1910

W. Wieland, *Die aristotelische Physik – Untersuchungen über die Grundlegung der Naturwissenschaft und die sprachlichen Bedingungen der Prinzipienforschung,* Göttingen 1962

Z. Young, *Philosophie und Gehirn,* Basel 1989

3. Handeln

M. I. Finley, *Antike und moderne Demokratie,* Stuttgart 1980

J. Hintikka, »Practical vs. Theoretical Reason – An Ambiguous Legacy«, in: *Practical Reason,* hg. v. S. Körner, New Haven 1974, S. 83–102

H. J. Krämer, »Prolegomena zu einer Kategorienlehre des richtigen Lebens«, *Philosophisches Jahrbuch,* 83/1976, S. 72–97

–, »Die Grundlegung des Freiheitsbegriffs in der Antike«, in: *Freiheit – Theoretische und praktische Probleme,* hg. v. J. Simon, Freiburg 1977, 239–70

N. Loraux, *Les enfants d'Athéna. Idées Athéniennes sur la citoyenneté et la division des sexes,* Paris 1981

R. Sennett, *Verfall und Ende des öffentlichen Lebens – Die Tyrannei der Intimität,* Frankfurt 1983

V. Songe-Møller, »Ein griechischer Traum: die Überflüssigkeit der Frau«, *Zeitschrift f. Didaktik der Philosophie,* 10/1988, S. 8–16

G. H. von Wright, *Erklären und Verstehen,* Frankfurt 1974

4. Herstellen

H. Flashar, »Aristoteles und Brecht«, *Poetica* 6/1974, S. 17–34

–, K. Maurer u. a., »Dramentheorie – Handlungstheorie«, *Poetica,* 8/1976, S. 321–460

A. B. Neschke-Hentschke, »Aristoteles und Aristotelismus – oder der Fall der Poetik«, *Neue Hefte f. Philosophie* 15/16, 1979, S. 70–101

W. Schadewaldt, »Furcht und Mitleid? Zur Deutung des Aristotelischen Tragödiensatzes«, *Hermes,* 83/1955, S. 129–71

E. Schaper, »Aristotle's Catharsis and Aesthetic Pleasure«, *Philosophical Quarterly,* 18/1968, S. 131–43

H. Wagner, »Einiges zur Lehre des Aristoteles über die Wirkung der Tragödie«, in: *Kulturwissenschaften – W. Perpeet zum 65. Geburtstag,* Bonn 1980, S. 445–465

Eine systematische Untersuchung der philosophischen Auffassungen Huckleberry Finns gibt es nicht. Ersatzweise verwiesen sei auf: S. Cummings, *Mark Twain and Science – Adventures of a Mind*, Baton Rouge 1988.

Glossar

Nachstehend verzeichnet sind die im Text angeführten sowie einige weitere – in der Sekundärliteratur häufig zitierte – griechische Ausdrücke. Die angegebene Bedeutung ist nicht als Fixierung, sondern lediglich als erste Orientierungshilfe gemeint. Die Umschrift folgt der im Deutschen gängigen klassischen Transkription. Eta und Omega sind markiert; Akzente werden nicht ausgewiesen. Als Hilfe zur Gestaltung von Typoskripten s. z. B. die Übersicht der Transkriptions- und Transliterationsregeln in *Duden–Taschenbuch 5*, 3. Aufl. Mannheim 1973.

aisthēsis	Wahrnehmung
aitia / aition	Grund, Ursache
akribeia	Genauigkeit
alēthes / alētheia	wahr / Wahrheit
anankē	Notwendigkeit
aporia	Schwierigkeit
aretē	Tugend, Tüchtigkeit
archē	Prinzip
aristokratia	Herrschaft der Besten (→ *aretē*) mit fließender Grenze zur Herrschaft der durch Geburt bzw. alten Besitz Privilegierten
dēmokratia	bei A. Herrschaft freier, aber in ihrer Mehrheit wenig begüterter Bürger
dialektikē (technē)	vom griech. Ausdruck für »sich-unterhalten« abgeleitete Bezeichnung für solche Argumentationsführungen, die gängige Meinungen zum Gegenstand haben

diaphora	Unterschied
doxa	Meinung, Auffassung
dynamis	Möglichkeit → *energeia* → *entelecheia*
eidos	Weise, in der Stoffliches bestimmt ist (Form, Art)
einai	existieren → *to on* → *usia* → *ti en einai*
eleos	Jammer
empeiria	Erfahrung
endoxa	gängige Auffassungen
energeia	Verwirklichung einer Möglichkeit → *dynamis* → *entelecheia*
entelecheia	weitgehend synonym mit »*energeia*«, zuweilen eine Unterscheidung in dem Sinne liefernd, daß »*entelecheia*« das Ergebnis und »*energeia*« den dahin führenden Prozeß bezeichnet
epagōgē	Induktion, Hinführung zum Allgemeinen
epistēmē	Wissen, meist bezogen auf die Kenntnis notwendiger, ewiger Tatbestände
ethos	Gewohnheit, Brauch
ēthos	Charakter
eudaimonia	Glück im Sinne des rechten Lebensvollzuges
genos	Gattung
hamartia	Fehler, falsche Handlung in Unkenntnis der Sachlage
holos	Ganzes
homonoia	Zusammenhalt, Eintracht
hylē	Stoff, Materie, Träger der Formveränderung
hypokeimenon	als Terminus vorrangig für das logische Subjekt einer Aussage
hypothesis	Vorschlag, Hypothese
katēgoria	Kategorie, Art des Prädikates, grundsätzliche Hinsichten der Unterscheidung
katharsis	Reinigung (von Gefühlen, ursprünglich Abführen im medizinischen Sinne)
kinēsis	Prozeß, Modifikation, Bewegung
meson, mesotēs	Mittel, Mitte zwischen Extremen
metabolē	Veränderung, meist als Oberbegriff sowohl für bloße Modifikationen einer Sache als auch für deren Entstehen und Vergehen

mimēsis	Nachahmung, im Fall der Dichtkunst: Darstellung menschlicher Handlungsmöglichkeiten
morphē	äußere Gestalt, Form wahrnehmbarer Gegenstände → *eidos*
mythos	im Rahmen der Dichtung: organisierter Handlungsablauf
nus	Verstand, auch intuitive Einsicht
oligarchia	Herrschaft weniger Reicher, bei Aristoteles auch für die Übernahme von Regierungsämtern aufgrund verwandtschaftlicher Beziehungen
on, to on	das, was es gibt, Seiendes
usia	Substanz, Wesen
paideia	Bildung, Erziehung
pathos	Gefühl, Leiden, speziell im Kontext der Dichtkunst für eine zerstörerische, schmerzvolle Handlung
philia	Freundschaft, Liebe
philosophia	Wissenschaft; als Philosophen werden z. B. Platon, die Eleaten und die Pythagoreer angesehen; bezeichnet die Arbeitstradition, in der sich A. selbst sieht; Erste Philosophie → *Theologie*
phobos	Furcht, Schauder
phronēsis	meist Klugheit im praktischen Bereich
physis	Natur
poiēsis	Herstellung, Produktion, im engeren Sinne auch Dichten
polis	Stadt, Staat
politeia	Verfassung, auch speziell für die von A. bevorzugte Mischverfassung (Politie)
praxis	Handeln
pseudēs	falsch
psychē	Seele; das, was Belebtes von Unbelebtem unterscheidet
syllogismos	Argument, Schluß
taxis	Ordnung, Anordnung
technē	Fertigkeit, Können
telos	Endpunkt, Ziel, Zweck
theologikē	zur Ersten Philosophie gehörig; die Bezugnahme auf Gott *(theos)* hängt damit zusam-

	men, daß sich nach A.' Naturlehre alle Prozesse letztlich einem ersten göttlichen Beweger verdanken.
theōria	Nachdenken, Betrachtung
ti ēn einai	Wesen
tyrannis	Herrschaft zum Vorteil eines einzelnen

Literatur

A. SCHRIFTEN VON ARISTOTELES

Die Namen von mehr als 200 Werken des Aristoteles sind in drei antiken Verzeichnissen sowie durch Selbstzitationen und diverse Erwähnungen seitens anderer Autoren überliefert. Erhalten sind vornehmlich die für den Gebrauch in seiner Schule gedachten und dort als »Abhandlungen« *(pragmateiai)* bezeichneten Schriften, wohingegen die für ein größeres Publikum verfaßten Dialoge sowie diverse Notizen und Sammlungen, darunter die Darstellung von 158 Staatsverfassungen, fast ausnahmslos verlorengegangen sind. Ausgaben der Verzeichnisse enthält I. Düring, *Aristotle in the Ancient Biographical Tradition,* Göteborg 1957.

Die heute geläufigen Anordnungen der überlieferten Werke variieren die durch die Redaktion des Philosophen Andronikos von Rhodos in der 1. Hälfte des 1. Jahrhunderts entstandene, der die maßgebliche thematische Zusammenstellung unternahm. Eine ausführliche moderne Werkbeschreibung gibt H. Flashar, »Aristoteles«, in: *Überweg. Grundriß der Geschichte der Philosophie,* Bd. 3, hg. v. dems., Basel 1983, S. 174–474, § 13, S. 236–93. Nachstehend eine knappe Übersicht der wichtigsten Schriften mit grober Charakterisierung des jeweiligen Themas:

I. Schriften in systematischer Anordnung

1. Organon (›Hilfsmittel‹)

a) Kategorien (Katēgoriai, Categoriae)
Darstellung der Möglichkeiten der Aussage bzw. Prädikation (Kap. 1–9) sowie der ergänzenden sogenannten Postprädikamente (Kap. 10–15)
b) Hermeneutik (Peri hermēneias / De interpretatione)
Lehre vom Satz (14 Kap.), behandelt einfache und komplexe Aussagen, Wahrheit, Falschheit, Entgegensetzungen und Modalität
c) Topik (Topikē / Topica)
VIII Bücher zur Theorie der korrekten Argumentation im Sinne der Dialektik
d) Sophistische Widerlegungen (Peri tōn sophistikōn elenchōn / Sophistici elenchi)
Fortsetzung der Topik mit dem Schwerpunkt der Analyse von Trugschlüssen (34 Kap.)
e) Erste Analytiken (Analytika protera / Analytica priora)
Über Formen logischen Schließens und Beweisens (II Bücher)
f) Zweite Analytiken (Analytika hystera / Analytica posteriora)
Über Inhalte logischer Schlüsse im Rahmen wissenschaftlicher Verfahren (Buch I) sowie über Definitionen (Buch II).

2. Metaphysik und Naturlehre

a) Metaphysik (Ta meta ta physika / Metaphysica)
Sammlung von XIV großenteils nur thematisch zusammenpassenden Büchern, in denen die Philosophie als Erforschung der ersten Prinzipien gefaßt wird. Ausgehend von der vorgefundenen philosophischen Tradition (Platon, Pythagoras u. a. m.) und dem alltäglichen Sprachgebrauch werden – die gesamte spätere philosophische Diskussion beeinflussende – Vorstellungen über Seiendes als Seiendes, Wesen, Substanz, Möglichkeit, Realisierung usw. aufgebaut
b) Physikvorlesung (Physikē akroasis / Physica)
Sammlung von VIII Büchern in unterschiedlichen Zuständen der Ausarbeitung, in denen allgemeine Grundzüge der Naturphilosophie, in Sonderheit die Theorien der Veränderung und Bewegung entfaltet werden

c) Über den Himmel (Peri uranu / De Caelo)
Sammlung von Schriften über die Himmelskörper (Bücher I u. II), die Elemente im Bereich unterhalb des Mondes (Buch III) und das Begriffspaar »leicht« und »schwer« (Buch IV)
d) Über Entstehen und Vergehen (Peri genēseōs kai phtoras / De generatione et corruptione)
Untersuchung der Umwandlung der Elemente (II Bücher) im Anschluß an (c)
e) Über die Teile der Tiere (Peri zōōn moriōn / De partibus animalium)
Buch I ist eine programmatische Schrift zur Zoologie, die Bücher II bis IV enthalten Erörterungen der Zusammensetzung der Körper von Lebewesen
f) Tierkunde (Historia zōōn / Historia animalium)
Durch eine Vielzahl späterer Zusätze zum Kompendium angewachsene Hauptschrift zur Anatomie, Morphologie und Taxonomie der Tiere unter Einschluß des Menschen (X Bücher)
g) Über die Entstehung der Lebewesen (Peri zōōn genēseōs / De generatione animalium)
Einheitliche Schrift über Fortpflanzung, Vererbung und altersabhängige Veränderungen der Lebewesen (V Bücher)
h) Über die Seele (Peri psychēs / De anima)
Versuch der Einordnung von Lebensphänomenen in die allgemeine Naturphilosophie (III Bücher)

3. Ethik und Politik

a) Nikomachische Ethik (Ēthika Nikomacheia / Ethica Nikomachea)
Hauptwerk für diesen Bereich mit ausführlichen Erörterungen der Zentralbegriffe Glück, Tüchtigkeit, Freundschaft, Gerechtigkeit usw. (X Bücher)
b) Eudemische Ethik (Ēthika Eudemeia / Ethica Eudemica)
Inhaltlich teilweise zu (a) parallele knappere Darstellung, geistesgeschichtlich fast ohne Bedeutung, da bis ins vorige Jahrhundert für unecht gehalten (VIII Bücher)
c) Große Ethik (Ēthika megala / Magna Moralia)
Steht im Einklang mit (a) und (b), ist aber modernen Vorstellungen von Morallehre insofern ähnlicher, als Glück kein Hauptmotiv

darstellt, und der Zusammenhang von Tüchtigkeit und Wissen keine wichtige Rolle spielt (II Bücher)
d) Politik (Politika / Politica)
Darstellung der Staatslehre (Bücher I–III), Übersicht über die vorgefundenen Verfassungen (Bücher IV–VI) und die Eigenart und Aufgaben des bestmöglichen Staates

4. Poetik, Rhetorik

a) Poetik (Peri poiētikēs / De arte poetica)
Behandlung der Dichtkunst im Kontext des Herstellens (Kap. 1–5), Theorie der Tragödie (Kap. 6–22) und des Epos (23–26). Aufgrund verschiedener Indizien wird für gewöhnlich angenommen, daß ein zweites Buch über die Komödie verlorengegangen ist.
b) Rhetorik (Technē rhetorikē / De arte rhetorica)
II Bücher über die Rede, ihre Arten und Mittel sowie ein III. (vermutlich getrennt entstandenes) über Sprachstil und Anordnung der Redeteile.

II. Werkausgaben und Zitierweise

Aristoteles' Werke sind die meistedierten der Philosophiegeschichte. Als gemeinsamer Bezug der verschiedenen Ausgaben und Kommentare dient die von Immanuel Bekker besorgte Berliner Ausgabe: *Aristoteles Opera edidit Academia Regia Borussica,* V Bde. Berlin 1831–70, und zwar in der Weise, daß hinter dem (für gewöhnlich abgekürzten) lateinischen Namen des Werkes sowie den (oft für entbehrlich gehaltenen) Hinweisen auf Buch und Kapitel auch die Seitenzahl, Kolumne und Zeile der ersten beiden Bände (Bd. I bis S. 789 – Bd. II bis S. 1462) der Bekker-Edition angeführt werden. ›NE I,7, 1097b22‹ bedeutet demnach Zeile 22, Spalte b, Seite 1097, Buch I, Kapitel 7 der *Nikomachischen Ethik* in der Bekker-Ausgabe.

Der Sache nach gilt die in den 60er Jahren mit Veränderungen nachgedruckte Berliner Ausgabe als überholt. Die verbreiteteste Sammeledition ist die in der Reihe der *Oxford Classical Texts* 1894 begonnene, die vielfach verbessert und nachgedruckt worden ist.

Nur bruchstückhaft Überliefertes, dem Aristoteles Zugeschriebenes, das aber nur zum geringen Teil in seiner Authentizität als gesichert gilt, ist gesammelt bei Valentin Rose, *Aristoteles qui ferebantur librorum fragmenta,* 3. Aufl. Leipzig 1886 (Neudruck 1967) und im Rahmen der erwähnten *Oxford Classical Texts* von W. D. Ross, Oxford 1955 (Neudruck 1970).

Es gibt diverse neuere Übersetzungen ins Deutsche, von denen an erster Stelle jene zu nennen sind, die im Rahmen der von E. Grumach begründeten u. jetzt v. H. Flashar betreuten Gesamtausgabe (Berlin 1956 ff.) erschienen (bisher 11 Bde.) sind. Häufig Verwendung im Lehrbetrieb finden die Einzelausgaben der *Philosophischen Bibliothek* (Hamburg) und der *Universal-Bibliothek* (Stuttgart).

B. SCHRIFTEN ÜBER ARISTOTELES

Die Schriften des Aristoteles gehören noch heute zu den am häufigsten kommentierten Werken des philosophischen Kanons. Eine umfangreiche, teilweise kommentierte Bibliographie, die bis zum Jahr 1982 reicht, findet sich in Hellmut Flashar, »Aristoteles«, in: *Überweg. Grundriß der Geschichte der Philosophie,* herausgegeben von H. Flashar, Basel 1983, Bd. 3. Das laufende Schrifttum zu Aristoteles wird in den Zeitschriften *Gnomon* sowie im *Philosopher's Index* registriert.

I. Hilfsmittel

Das wichtigste Werkzeug der Aristoteles-Forschung in bezug auf Stellennachweise ist der *Index-Aristotelicus* von Hermann Bonitz im V. Band der Berliner Ausgabe. Zur Auffindung erster Belege nützlich sind außerdem der von T. P. Kiernan herausgegebene *Aristotle Dictionary,* New York 1962, sowie J. O. Urmsons *The Greek Philosophical Vocabulary,* London 1990. Unter den allgemeinen Nachschlagewerken ragt das mehrfach nachgedruckte *Greek-English Lexicon* von H. G. Liddell, R. Scott u. H. S. Jones (in letzter Bearbeitung: Oxford 1940) heraus. Überdies enthalten eine Vielzahl von Übersetzungen Sachregister, welche auch die Hauptbegriffe des griechischen Textes ausweisen. Leicht erreichbar und vor allem im Blick auf Aristoteles' eigene lexikonartige Darstellung im V. Buch hilfreich ist z. B. die Übersetzung der *Metaphysik* von F. F. Schwarz, 2. Aufl. Stuttgart 1978.

II. Weiterführende Literatur

Eine umfassende und anerkannte Gesamtdarstellung ist das umfangreiche Buch von Ingemar Düring, *Aristoteles. Darstellung und Interpretation seines Denkens,* Heidelberg: Carl Winter 1966; eine kürzere Darstellung mit einigen Nachträgen hat derselbe Autor in Pauly / Wissowa, *Realencyclopädie der klassischen Altertumswissenschaft,* Supplement XI, Zürich: Artemis 1968, S. 159–336 vorgelegt.

Zur Logik und Semantik bietet Ernst Kapp, *Der Ursprung der Logik bei den Griechen,* Göttingen: Vandenhoeck & Ruprecht 1965 einen einführenden Überblick; das Buch von Günther Patzig, *Die Aristotelische Syllogistik. Logisch-philologische Untersuchungen über das Buch A der ›Ersten Analytiken‹,* Göttingen: Vandenhoeck & Ruprecht 1969[3] stellt Bezüge zur modernen Logik her.

Eine problemorientierte Darstellung der Metaphysik, in der begriffliche Analysen mit einer systematischen Auswertung der Sekundärliteratur verbunden werden, leistet Terence H. Irwin, *Aristotle's First Principles,* Oxford: Oxford University Press 1988.

Klare Überblicke über die Naturforschung, wie sie Aristoteles konzipiert hat, geben die beiden Texte von Ingrid Craemer-Ruegenberg, *Die Naturphilosophie des Aristoteles,* Freiburg: Alber 1980 (besonderer Schwerpunkt: die Physikvorlesung) und »Aristoteles«, in: Gernot Böhme (Hg.), *Klassiker der Naturphilosophie,* München: C. H. Beck 1976; die Biologie findet besondere Berücksichtigung in der äußerst detaillierten Darstellung von W. Kullmann, *Wissenschaft und Methode. Interpretationen zur aristotelischen Theorie der Naturwissenschaft,* Berlin: de Gruyter 1974

Als grundsätzliche Orientierung zur praktischen Philosophie informativ ist Otfried Höffe, *Ethik und Politik. Grundmodelle und -probleme der praktischen Philosophie,* Frankfurt: Suhrkamp 1979; wichtige Klarstellungen vor allem über die »Mittlere Verfassung«

enthält Curtis N. Johnson, *Aristotle's Theory of the State,* London 1990

Für den Zugang zum geistesgeschichtlichen Kontext der aristotelischen Poetik empfiehlt sich Manfred Fuhrmann, *Einführung in die antike Dichtungstheorie,* Darmstadt: Wissenschaftliche Buchgesellschaft 1973; in Ada B. Neschke-Hentschke, Die Poetik des Aristoteles, Frankfurt: Klostermann 1980, 2 Bde. werden alle zentralen Begriffe dieses klassischen Textes diskutiert.

Neuere Aufsatzsammlungen, die Einblick in die Vielfalt der Aristotelesforschung geben, sind die *Articles on Aristotle,* herausgegeben von Jonathan Barnes u. a. London: Duckworth 1975ff.; hingewiesen sei auch auf: Andreas Graeser (Hg.), *Mathematik und Metaphysik bei Aristoteles,* Bern 1987, sowie die beiden in der Reihe »Wege der Forschung« erschienenen Sammlungen: G. A. Seeck (Hg.), *Die Naturphilosophie des Aristoteles,* Darmstadt: Wissenschaftliche Buchgesellschaft 1975 (mit umfangreicher Bibliographie) und Paul Moraux (Hg.), *Aristoteles in der neueren Forschung,* Darmstadt: Wissenschaftliche Buchgesellschaft 1968

Zeittafel

427–347 v. Chr.	Lebenszeit Platons
vor 425	Abfassung von Sophokles' *Oidipus Tyrannos,* dem Tragödienmuster der *Poetik*
384	Aristoteles in Stagira geboren
367	Eintritt in die Akademie Platons
360–55	wahrscheinliche Entstehung von Teilen des *Organon,* der *Poetik, Großen Ethik* und *Rhetorik* (I, II) sowie des XII. Buches der *Metaphysik*
355	Gründung einer eigenen Schule (Lykeion, Peripatos)
355–47	*Physik, Über den Himmel,* weitere Teile der *Metaphysik, Über Entstehen und Vergehen,* III. Buch der *Rhetorik, Teile der Tiere* I
347–35	›Wanderjahre‹, *Tierkunde* I–VI, VIII, *Über die Seele, Politik,* I, VII, VIII, *Teile der Tiere* I-IV
343	möglicherweise als Erzieher Alexanders nach Makedonien berufen
334–22	Tätigkeit im Lykeion, weitere Schriften, die in die Sammlungen der *Metaphysik* und *Physik* aufgenommen wurden, *Entstehung der Tiere, Nikomachische Ethik*
322	Tod Aristoteles', Theophrast (371–287) übernimmt die Nachfolge als Schulhaupt des Peripatos
288	Aristoteles' Manuskripte gehen in den Besitz seines Schülers Neleus über, dessen Familie sie vergräbt, so daß die Schule des Aristoteles im Helle-

	nismus an mündlicher Überlieferung und den später verschollenen populären Schriften orientiert ist
280	Gründung des peripatetisch beeinflußten *Museions* in Alexandria
2. Jhdt.	frühe Fassungen des *Alexanderromans* mit legendenhafter Darstellung der Rolle Aristoteles' als Lehrer Alexanders
30	die von einem Sammler wieder aufgefundenen Schriften für den Vorlesungsgebrauch werden durch Andronikos von Rhodos zu dem für die weitere Auseinandersetzung mit A. maßgeblichen *Corpus Aristotelicum* zusammengestellt
um 200 n. Chr.	Alexander von Aphrodisias kommentiert A.
um 300	Kommentar des Porphyrios zu den *Kategorien*
389	Zerstörung des Museions durch christlichen Pöbel
480–524	Boethius, bedeutender Vermitteler aristotelischer Auffassungen mit großem Einfluß auf die Scholastik
6.–11. Jhdt.	fortdauernde Beschäftigung mit Aristoteles durch die griechischen Kirchenväter im Rahmen der Behandlung theologischer Streitfragen
um 800	Übernahme der Papierherstellung durch die Araber; Beginn der Tätigkeit arabischer Übersetzer in Bagdad und der Aristoteles-Renaissance
1126–98	Averroes (Ibn Ruschd), Höhepunkt der islamischen Aristoteles-Kommentierung; in etwa diesem Zeitraum entwickelt sich – teilweise unabhängig – der jüdische Aristotelismus (Ibn Daud, Maimonides)
1182–1200	Verfolgung der jüdischen Aristoteliker in Paris
1215	Laterankonzil, Verbrennung der *Metaphysik*
um 1250	Beginn der großangelegten Aristoteles-Auslegung des Albertus Magnus (gest. 1280)
1224/25–74	Thomas von Aquin, der eine komplexe und folgenreiche Synthese aus Aristotelismus und Theologie, z. T. in direkter Kommentierung von Schriften des A., darunter der *Metaphysik*, *Physik* und *Politik*, vollzieht
um 1250	Wilhelm von Moerbeke entfaltet, teilweise auf An-

	regung seines Ordensbruders Thomas, eine umfassende Übersetzungstätigkeit, der sich u. a. lateinische Fassungen der *Poetik, Tierkunde* verdanken
13.–16. Jhdt.	Umsetzung aristotelischer Vorstellungen in eine bündige Methodologie durch die Schule von Padua
14. Jhdt.	Kritik der aristotelischen Bewegungslehre durch Jean Buridan und Nikolaus von Oresme
1495–97	in Venedig erscheint mit Aristoteles' *Opera Omnia* der erste bedeutende griechische Prosatext, der im Original durch die Druckerpresse verbreitet wird.
1572–74	Auftreten einer Supernova und damit spektakuläre Infragestellung der auf Ewigkeit und Unveränderlichkeit abhebenden aristotelischen Kosmologie
16.–18. Jhdt.	Protestantische Schulphilosophie auf aristotelischer Grundlage, darunter H. Conrings (1606–1681). Begründung der Staatswissenschaften auf der Basis der *Politik* und der Ursachenlehre des A.
1605	F. Bacon, *Novum Organum,* Programm einer gegen die aristotelische Tradition gewandten Wissenschaft
1624	Pariser Parlamentsedikt, das die öffentliche Verteidigung anti-aristotelischer Auffassungen mit der Todesstrafe bedroht
1662	Gründung der Royal Society mit anti-aristotelischer Tendenz
1752	B. Franklin benutzt den ersten Blitzableiter und widerlegt Aristoteles' Auffassung des Blitzes als Verbrennungsphänomen
1907	Päpstliche Verurteilung des sogenannten Modernismus und kirchenamtliche Stützung der im 19. Jhdt aufgekommenen Neuscholastik – Erneuerung der aristotelischen Metaphysik durch Maréchal u. a.
1862	F. Brentano, *Von der mannigfachen Bedeutung des Seienden bei Aristoteles,* eine wichtige Vorgabe für die sprachanalytische Philosophie und die Phänomenologie
1912	entwicklungsgeschichtliche Interpretation des vor-

her im wesentlichen als abgeschlossenes System betrachteten Werkes durch W. Jäger

1936 A. Tarski versucht die aristotelische Wahrheitsauffassung für formale Systeme zu definieren

1974 Beginn des inzwischen in vielen Ländern verbreiteten Kinderphilosophie-Programms mit M. Lipmans Einführung in die aristotelische Logik *(Harry Stottlemeier's Discovery)*